KATHARINA VON MEYENBURG

Reisefieber – Eine Reise zu mir selbst

Katharina von Meyenburg wurde 1957 in Zürich geboren und 2013 nach einer Stammzelltransplantation wieder- geboren. Ihre 4 Kinder sind erwachsen und sie lebt und arbeitet in einer kleinen Landgemeinde.

Wenn sie nebst ihrem Beruf als Heilpädagogin Zeit findet, begibt sie sich auf Reisen. Fremde Länder und Kulturen faszinieren sie. Ihre Schere reist immer mit, damit Ideen gleich in einem Scherenschnitt festgehalten werden können.

So entstanden auch die Illustrationen zum Buch.

Sämtliche Namen im Buch wurden geändert

Titelbild: Scherenschnitt von K.v. Meyenburg

Katharina von Meyenburg

Reisefieber -
Eine Reise zu mir selbst

Diagnose akute myeloische
Leukämie

Inhaltsverzeichnis:

Teil 2

Teil 3

Teil 4

Prolog

Was war das für ein tolles Jahr!
Diesen Sommer genoss ich mehrere Wochen Urlaub, da
ich in der Schule, bei der ich angestellt war, als
Dienstaltergeschenk 5 zusätzliche Wochen Ferien bekam.
Diese benützte ich für eine lange Reise quer durch China
und Australien.
Wie ich das Reisen liebte!
Während der ganzen Zeit schrieb ich einen Blog mit dem
Titel „Reisefieber". So konnten alle Daheimgebliebenen
verfolgen, was ich unterwegs erlebte.

Kaum zu Hause plante ich schon die nächsten Ferien.
Schon im Herbst packte mich das Reisefieber wieder und
ich reiste während 2 Wochen quer durch Kuba.
Mit Fieber und starken Gliederschmerzen kam ich von
dieser Reise zurück. Eine Woche war nicht ans Arbeiten
zu denken, doch nach und nach ging es mir wieder besser.
Nun hatte mich das Reisefieber endgültig gepackt:
Ich plante, meine Stelle aufzugeben und das ganze
nächste Jahr rund um die Welt zu reisen. Es gab noch
soviel zu entdecken, was ich noch nie gesehen hatte:
Alaska, Kanada, die Galapagosinseln, Patagonien- oder
sogar Neuseeland?
Ich konnte es kaum erwarten mit dem Reisebüro die ersten Daten zu fixieren, doch erst musste ich den lange
vorher abgemachten Termin zur Blutspende wahrneh-
men. Auf Grund meiner grippeartigen Erkrankung musste
er immer wieder verschoben werden.

Nun war es endlich soweit. Ich fühlte mich gesund und
vital und sass endlich in der Blutspendezentrale des Spitals. Dort wurde mein Blut routinemässig abgezapft. Doch

mittendrin kam ein Telefon vom Labor: Sofort aufhören-
die Blutwerte entsprechen nicht der Norm!

Etwas unwillig liess ich mich wieder abnadeln. Ich war
sauer, dass ich meine eigene Zeit und die des Personals
wegen dieser Kleinigkeit vertrödelt hatte.

Ich bekam einen Zettel mit meinen Blutwerten und wurde
angewiesen, bald einmal meinen Hausarzt zu konsultie-
ren.

Das Papier landete zu Hause in einer Ecke des Schreibti-
sches. Erst einige Tage danach erinnerte ich mich daran.
So entschloss ich mich, meinen Hausarzt anzurufen und
bekam einen Termin für den nächsten Tag.

Er sah sich den Zettel an und beruhigte mich damit, dass
im Labor oft Fehler geschehen.

Wiederum wurde mir Blut genommen und mit einem
neuen Termin bei ihm verliess ich nach kurzer Zeit die Praxis.

Beim nächsten Besuch war eine mögliche Erklärung gefunden: Anscheinend war meine grippeartige Erkrankung
im Herbst ein Denguefieber, das ich aus Kuba einge-
schleppt hatte.

Na also. Ich fühlte mich wohl und gesund. Jetzt brauchte
es nur noch etwas Geduld, bis sich der Infekt im Blut beruhigt hätte.

Die Adventszeit nahte, ich begann das Wohnzimmer zu
dekorieren und mich um die Weihnachtsgeschenke zu
kümmern.

Immer wieder musste ich zur Blutkontrolle, doch die Werte wurden nicht besser.

Nun sollte ich zur Sicherheit im Spital eine Knochenmarkbiopsie machen lassen, um Gewissheit zu haben. Gewissheit worüber? Mein Arzt zählte mir verschiedene Befürchtungen auf, von denen keine zu mir vordrang. Ich
hatte keine Zeit, mich krank zu fühlen. In der Schule wurde für den Weihnachtsanlass geübt und ich war voll im
Adventsstress.

Mein Biopsietermin nahte. Nach einer örtlichen Betäubung wurde eine lange Kanüle durch den Knochen gestossen um Flüssigkeit zu entnehmen. Nachdem ich die unangenehme und schmerzhafte Prozedur hinter mich gebracht hatte, fuhr ich nach Hause. Das Wochenende stand bevor und in einer Woche würde ich das Ergebnis der Untersuchung erhalten.

Kaum zu Hause nahm ich leicht irritiert einen Telefonanruf des Spitals entgegen: Das Gespräch werde auf den Montag vorverschoben.

Ein seltsames Gefühl bemächtigte sich meiner. Was das wohl zu bedeuten hatte? Am Telefon wollten sie mir nicht näher Auskunft geben.

Also blieb mir nichts weiter übrig, als das Wochenende zu überstehen.

Das fiel mir nicht schwer, denn das grosse Weihnachtsessen mit all meinen Arbeitskollegen stand bevor. Es war ein selten lustiger Abend. Wir lachten viel und ausgelassen. Hätte ich gewusst, was mir bevorsteht, wäre mir das Lachen längst vergangen. Aber zum Glück wusste ich damals nicht, dass es mehrere Monate dauern würde, bis ich mich in dieser Runde wiederfinden würde.

Teil 1

Das wars
17. Dezember

Montagmorgen. Statt im Schulzimmer sitze ich zusammen mit meinem Ehemann im Wartezimmer des Kantonspitals. Ich bin froh, nicht alleine zu sein, und wer eignet sich besser als Begleitung als jemand, der mich seit 30 Jahren kennt?
Obwohl wir seit 2 Jahren getrennt leben, verstehen wir uns zum Glück immer noch gut und haben viel Kontakt zueinander.

Gerade vorhin im Auto haben wir zusammen überlegt, was für eine Nachricht mich hier wohl erwartet. Aids, ein Tumor, eine schlimme Infektionskrankheit? Nein, das tönt mir alles zu krass. Ausserdem fühle ich mich gesund und vital, also kann es sich nur um eine vorübergehende Störung handeln.
Bald sitzen wir im ersten kleinen Sprechzimmer. Ich bin angespannt und meine Blicke wandern durch das Zimmer. Seltsame Details fallen mir auf: dass die Wände kahl sind, die Bilder auf dem Schrank stehen und noch aufs Aufhängen warten.
Endlich erscheint ein Arzt. Anscheinend ist dies ein Vorbereitungsgespräch. Er erklärt uns die Testresultate sorgfältig. Viel verstehe ich nicht, ausser dass er betont, dass es eine schlimme Krankheit ist. Den Namen der Krankheit nennt er nicht, den werde mir der Oberarzt mitteilen.

Nun erst werden wir zum zuständigen Oberarzt geführt. Unterdessen fühle ich mich nicht mehr so gut, verstecke mich jedoch hinter einer gefassten Mine. Den ersten Arzt verabschiede ich mit der unsinnigen Empfehlung: „ Und

4

wenn ich das nächste Mal zu ihnen komme, haben sie hoffentlich alle Bilder aufgehängt!"

Das sollte wohl witzig gemeint sein, aber natürlich würde ich nie mehr einen Schritt in seine Räume machen. Sobald ich erfahren hätte, was mir fehlte, würde ich allenfalls die nötigen Medikamente mitnehmen und gerade noch rechtzeitig zur 10- Uhr Pause in der Schule sein – denke ich trotzig.

Nun sitzt der Oberarzt uns gegenüber und spricht mit ernster Mine von meiner Erkrankung.

Ich höre zum erstenmal den Namen „Akute myeloische Leukämie"... 3- 6 Monate Arbeitsausfall...Bett im Uni- Spital für morgen bereits reserviert.

Ich schaue auf meine Hände, die sich ineinander verknotet haben. Ich denke nichts, höre nur das Echo seiner Worte. Ich will nichts verstehen, nichts hören. Will, dass alles so bleibt wie bisher.

Doch eines weiss ich: Ich kann unmöglich morgen ins Spital einrücken. In der Schule muss ich alle informieren, meine eigenen vier Kinder müssen benachrichtigt werden, eine für Neujahr gebuchte Reise muss storniert werden. Ja, und was ist mit Weihnachten?

Der Arzt verabschiedet sich von mir und drückt mir einige Beruhigungstabletten in die Hand mit der Empfehlung eine davon zu nehmen, wenn ich es für nötig halte.

Wir fahren zu mir nach Hause.

Dort erst breche ich vollständig zusammen. Ich, die bisher alles im Griff hatte. Ich liege auf meinem Bett und kann nicht mehr aufhören zu schreien und zu jammern. Immer, immer wieder schreie ich: „Ich sterbe, ich sterbe..."

Kein anderer Gedanke hat mehr Platz. Dabei wollte ich doch noch soviel unternehmen!

Jetzt, wo die vier Kinder erwachsen sind, hatte ich Pläne und Träume für 5 volle Leben. Ich war immer gesund, hatte viel geleistet. Jahrelang war ich nebst der Arbeit noch für Familie, Haus und Garten zuständig, hatte nie ausufernd gelebt. War angepasst, fleissig, pflichtbewusst, hatte nie geraucht, nie zuviel getrunken, mich sportlich betätigt. Ist das die Belohnung dafür?

Schlag auf Schlag

Meine beiden jüngeren Töchter wissen sofort Bescheid, als sie mich bei der Rückkehr aus der Schule mit verweinten Augen antreffen.
Ich sage ihnen in kurzen Worten, wie es um mich steht, betone aber auch, dass durchaus Heilungschancen bestünden. Sie tun mir leid. Die eine sollte ihre Maturaarbeit abschliessen und beide haben eine harte Zeit vor sich bis zu den Abschlussprüfungen im nächsten Sommer. Die anderen beiden Kinder erreiche ich nur per Telefon. Auch keine leichte Aufgabe für sie, obwohl sie nicht mehr zu Hause wohnen.
Nun kann ich auch meine Gedanken wieder ordnen und organisieren: wer muss informiert werden? Was ist vor dem Spitaleintritt alles Dringendes zu erledigen? Was muss ich für den Krankenhausaufenthalt einpacken?

Mitten in meiner Organisation ruft eine Berufskollegin an. Sie gibt mir den Rat, mich noch bei einem ihr bekannten Professor in einer Zürcher Klinik zu melden, bevor ich mich für das Uni- Spital entscheide. Ich soll ihn sofort anrufen.

Noch am selben Tag melde ich mich bei ihm und schildere meinen Fall. Schon während des Gesprächs fühle ich mich verstanden und gut aufgehoben. Sein väterlicher, ruhiger Ton stimmt mich zuversichtlich. Schon für den nächsten Tag bekomme ich einen Termin.
Schon um einiges zuversichtlicher schaue ich dem nächsten Morgen entgegen.

Professor Murge
18. Dezember

Da stehe ich nun in der Praxis von Professor Murge. Er ist um die 70 Jahre alt, klein, hat schalkhaft blitzende Augen und eine beruhigende Ausstrahlung.

Im Vorzimmer steht seine Frau, die mich begrüsst wie eine alte Bekannte. Sofort fühle ich mich wohl.

Geduldig beantwortet er meine Fragen, beseitigt Zweifel, beschönigt aber nichts.

Mir stehen 2 Chemotherapien bevor, die einen stationären Spitalaufenthalt von je ca. 4 Wochen bedingen.

Ich kann ein Zimmer seiner Klinik besichtigen, das mir eher wie ein Hotelzimmer erscheint, wären da nicht die Apparaturen und das Spitalbett.

Sofort ist mir klar: Ich werde das Zimmer im Univeritätsspital absagen und mich Professor Murge anvertrauen.

Da ich noch ganz fit bin und die Blutwerte es zulassen würden, schlägt er mir vor, erst nach Weihnachten in die Klinik einzutreten.

Für mich kommt dies nicht in Frage!

Wie denkt er sich das nur? Ich wäre im Stress mit Weihnachtsvorbereitungen, Geschenken kaufen, Essen kochen. Genau so wie es immer war. Da meine Stimmung dabei ganz sicher keine weihnächtliche wäre, stelle ich mir das Fest ganz schlimm vor.

Und überhaupt: Jetzt wo ich weiss, dass eine Chemotherapie unabänderlich ist, will ich auch sofort damit beginnen. Je schneller ich damit starte, umso schneller bin ich wieder zu Hause.

Also los!

Spitaleintritt
21. Dezember

Bei meiner Sommerreise nach China und Australien hatte
ich für die Daheimgebliebenen einen Blog mit dem Titel
„Reisefieber" geschrieben.

Statt während des Spitalaufenthaltes meine Familie und
die besorgten Freundinnen und Bekannten über mein
Befinden einzeln informieren zu müssen, nehme ich mir
deshalb vor, meinen alten Blog wieder zu aktivieren. Ob
der alte Blogtitel "Reisefieber" noch passt?
Ja natürlich, ausgezeichnet! Ich gehe jetzt auch auf eine
lange Reise. Sozusagen: "Last Minute" gebucht. Am Montag davon erfahren, am Freitag schon unterwegs.
So seltsam es klingt: Ich fühle mich am Morgen vor dem
Spitaleintritt genau so wie vor einer langen Reise. Dieselbe Tasche ist gepackt wie vor meiner China-Australien
Reise. Nur noch etwas erweitert: Laptop, Scherenschnittsachen, Stricknadeln und Wolle sind im Zusatzgepäck.
Diese Sachen sollen mich motivieren, aktiv zu bleiben, so
gut es geht.
Der erste Tag geht schnell vorbei: Viele Untersuchungen,
Röntgen, Ultraschall, dazu einen Zentralvenenkatheter für
alle Infusionen legen und wieder eine Knochenmarkpunktion. Der Narkosearzt behauptet, dass ich während
der Narkose "südländische Lieder" gesungen hätte. Da
ich im wachen Zustand keine nur annähernd südländi-
schen Lieder kenne, war dies sicher eine Qual für die
Ärzte!
Zurück im Zimmer werde ich bald an die erste Chemo
gehängt. Je schneller ich anfange, umso schneller ist das
Ganze vorbei. So tröpfelt die Chemie vom Beutel am
Infusionsständer direkt durch meinen fix installierten Katheter in mich hinein.
Mein Zimmer ist sehr schön. Ich habe Seeblick gewünscht. Wenn ich schon nach Zürich umziehen muss,

dann wenigstens mit Seeblick!

Ich bin darauf eingestellt, dass es mir schon bald schlechter gehen wird. Aber ich habe grosses Vertrauen in die Ärzte hier und weiss mich begleitet von vielen lieben Gedanken meiner Familie, meiner Verwandten und all meiner lieben Freundinnen.

Tagesablauf
22. Dezember

Morgens um 6.30 werde ich schon begrüsst und mit medizinischen Massnahmen eingedeckt. Draussen ist es noch dunkel, als mein Frühstück gebracht wird.
Langsam erscheinen in der Ferne die Churfirsten in den ersten Morgenstrahlen der Sonne.
Wollte ich nicht zu dieser Zeit auf der anderen Seite der Berge sein und Ski fahren? Mein Skiabonnement wird sich diesen Winter wohl nicht lohnen.
Nach dem Frühstück ist Zeit für die Körperpflege.
Das Duschen ist eine echte Herausforderung. Ich hänge Tag und Nacht an meinem Infusionsständer mit den blinkenden Lichtern. So muss ich zuerst hinters Bett kriechen, Stecker rausziehen, mit dem Ständer im Schlepptau zum Badezimmer wackeln und dort versuchen mich zu duschen, ohne die Apparate nass zu machen. Mit vielen Verrenkungen ziehe ich mich an und gehe wieder ins Zimmer. Und alles immer in Begleitung meines „Infusions-Christbaumes"
Bis um 9 Uhr sollte dies alles erledigt sein, denn dann öffnet sich die Türe und eine fröhliche Frauenstimme ruft: „Duene igg Bode buss" und schon wird mit Wischer und Lappen hantiert.
Gegen Mittag kommt Professor Murge.
Er wird ab jetzt jeden Tag an meinem Bett stehen, mich über den Verlauf der Behandlung aufklären und mich über mein Befinden befragen. Er lässt sich viel Zeit und

ich werde seine täglichen Besuche noch zu schätzen wissen.

Ich frage viel, bin immer gespannt, was mich da erwartet und will gewappnet sein gegen alle Nebenwirkungen.

Was ich weiss, macht mir weniger Angst. Damit kann ich mich auseinandersetzen, nach Lösungen suchen.

Bis jetzt fühle ich mich noch recht wohl. Ich beschliesse, jedem Tag eine Struktur zu geben. Am Morgen ist „Bürozeit". Da sitze ich mit meinem Computer am Fenster, beantworte Mails und schreibe meinen Blog.

Am Nachmittag arbeite ich an einem grossen Scherenschnittbild. Scherenschneiden ist nebst dem Reisen mein grösstes Hobby. Ich habe mir vorgenommen, zwei meiner Bilder für die grosse Schweizerische Ausstellung einzureichen. Falls sie die kritische Jurierung bestehen, werden sie zur Ausstellung zugelassen.

Durch meine Krankheit bin ich ins Hintertreffen geraten. Ich bin in grossem Zeitdruck.

Ich denke, dass es kaum je eine Patientin gab, die Scherenschnitte machte, während dem die Chemo in sie hineinträufelte.

Bestimmt liegen schlussendlich so viele Papierschnipsel am Boden wie Flüssigkeit in mich getröpfelt ist.

Ich hab die Haare schön!
23. Dezember

Die Nächte in der Klinik sind sehr lang. Die Apparaturen am Infusionsständer leuchten hell, ticken und oft pfeifen sie, wenn es Luftblasen in der Flüssigkeit hat. Dann muss ich klingeln und eine Pflegerin kommt um alles zu richten. Da ich immer noch empfindsame Mutter - Ohren habe, bemerke ich jedes Öffnen der Türe. Herein kommt aber nicht eine verspätet heimkehrende Tochter, sondern eine Pflegefachfrau, die nur mal schnell schaut, wie es mir geht, oder Blutdruck oder Fieber misst. Danach bin ich natürlich jeweils hellwach.

Heute Morgen habe ich mir die Haare gewaschen - vielleicht zum letzten Mal. Mir kommt in den Sinn, wie ich zusammen mit meiner Tochter vor ein paar Tagen in einem Kaufhaus stand um ein Shampoo zu kaufen. Mit einem gewissen Galgenhumor haben wir überlegt, ob es für mich besser sei, ein Mittel für „geschmeidiges, glänzendes Haar" zu kaufen oder eines, „bei dem die Kraft von innen kommt", oder doch eines gegen Haarausfall. Zum ersten mal wurde mir bewusst, wie absurd die verschiedenen Anpreisungen aus einem anderen Blickwinkel tönen.
Ich habe schlussendlich eine kleine Reiseportion gekauft. Oft werde ich meine Haare in den nächsten Monaten wohl nicht mehr waschen müssen ...
Wie ich aussehen werde ohne Haare? Ob ich an den Kopf friere? Ob ich mit Tüchern zurechtkomme? Ich befürchte, dass ich kaum die Geduld aufbringen werde, mir elegant und gekonnt ein Tuch auf den Kopf zu drapieren.

Aus diesem Grund schreibe ich in meinem Blog eine Bitte an alle, die mir einen Gefallen machen möchten. Ich wünsche mir möglichst viele verschiedene Kopfbedeckungen. Egal wie: Gewoben, gestrickt, genäht. Ich möchte gerne im wahrsten Sinne des Wortes behütet durch die nächsten Wochen gehen und freue mich natürlich jetzt schon auf die verschiedenen Kopfbedeckungen. Was meine Bitte alles nach sich zieht, ahne ich zu diesem Zeitpunkt noch nicht.

Weihnachtsmorgen

25.Dezember

Da ich mich gestern über die frühen Weckzeiten beschwert habe, lassen sie mich heute länger schlafen.
Trotzdem bin ich früh genug wach, um einen tollen Son-
nenaufgang zu erleben.
Heilig Abend ist ohne Spuren an mir vorbeigegangen. An
meinem Fenster hängt zwar ein Drahtstern, aber das ist
das einzige, was auf die Festtage hinweist. Auch kein
Kinderchor, der die Spitalbewohner krächzend mit Weih-
nachtsliedern beglückt oder ein langatmiges Krippen-
spiel aufführt. Nichts. Weihnachten wurde gestrichen.
Ich habe das Gefühl, schon lange hier zu sein. Die Tage
ziehen sich trotz vieler Unterbrechungen in die Länge.
Obwohl es rundum andere Zimmer mit Patienten hat,
hört meine Welt bei der Zimmertüre auf. Keine Ahnung,
was da rund um mich läuft. Nur ich und mein Zimmer,
mein Badezimmer, meine Kleider, mein Computer, meine
Bücher, meine Erinnerungen an die Welt „draussen".
Vom Fenster aus sehe ich auf die ehemalige Landiwiese.
Heute hat es Spaziergänger am See, Velofahrer, Hunde
und Kinder. Sie draussen, ich drinnen.
Zum Glück ist meine nähere Familie so zahlreich, so erhalte ich auch viele Besuche meiner vier Kinder und meines Mannes. Aber jedes Mal packt mich die Angst, mich
mit irgendwelchen Bakterien anzustecken. So dürfen wir
uns nur die desinfizierten Hände geben. Alle freuen sich
schon wieder auf den Moment, an dem wir uns umar-
men und halten können. Plötzlich bekommen solch ba-
nale Dinge einen hohen Stellenwert.

Winterschlaf
26. Dezember

Der Krankenhausalltag ist sehr eintönig. Obwohl ich ab
und zu Besuch bekomme, fühle ich mich einsam. Oft
beginnen sich meine Gedanken im Kreis zu drehen. Es ist
ein Abwarten. Abwarten, welche Nebenwirkungen auf-
tauchen, abwarten, ob jemand zu Besuch kommt, warten auf das nächste Essen. Ja, das finde ich das Schwie-
rigste - das Abwarten.

In meinem bisherigen Leben war ich so etwas wie ein
Schnellzug. Voller Energie und immer unterwegs mit vol-
lem Tempo. Doch jetzt hat jemand ganz gewaltig meine
Notbremse gezogen und mich von 120 auf bald 0 gebracht. Wer mich kennt, weiss wie schwierig und ungewohnt es für mich ist, einfach so in den Tag zu leben ohne selbst die Richtung bestimmen zu können.
Ich habe mir deshalb für jeden Tag eine „to do" Liste
gemacht, mit allem darauf, was ich erledigen will. Dadurch versuche ich krampfhaft eine gewisse Struktur in
den Tagesablauf zu bringen

Bald werde ich wohl in einen Winterschlaf fallen, denn
heute stieg zum ersten Mal das Fieber. Da noch viele
Blutwerte gut sind, habe ich einen gewissen Vorsprung
Menschen gegenüber, die schon mit Infekten oder Fieber eingeliefert werden. Etwas Angst habe ich vor den
Infekten, die auftreten können. Schon im Vorfeld wurde
ich darauf vorbereitet, dass oft Lungenentzündungen
oder Blutvergiftungen auftreten.

Aber ich bin froh, dass mir der Professor alles ganz genau erklärt. Auch wenn es oft furchterregend tönt, so bin ich doch besser gewappnet auf das, was da auf mich zukommt, als immer wieder von Neuem überrumpelt und erschreckt zu werden.

Ja, was ich hier im Spital erlebe, ist wirklich mit einer Reise vergleichbar. Dort plane ich auch gerne ziemlich genau, an welche Stationen ich gelangen möchte. Dann kenne ich die ungefähre Route und stehe nicht plötzlich im Nichts.

Eine heisse Nacht
27. Dezember

Das war eine heisse Nacht!
Mit Fieber und schlotternd bin ich ins Bett gegangen,
aber dank noch mehr Medikamenten am darauf folgenden Morgen frisch und munter wieder erwacht.
Dafür hat nachts an Ohren und Hals ein fürchterlicher
Juckreiz eingesetzt.
Es bilden sich kleine Pickel, die beissen. So sind das Fieber
und der Ausschlag wohl eher eine Allergie auf ein Medi-
kament. Wenn ich heute fieberfrei bin, ist es erwiesen,
dass dies nur eine Reaktion gewesen ist.
Ich bin völlig fasziniert, wie hier mit den Medikamenten
jongliert und dosiert wird. Manchmal komme ich mir vor
wie in einer Hexenküche: Da wird wieder eine Infusion
angehängt, dort mit einer Spritze etwas in den Schlauch
gespritzt und dort aus den Schläuchen Blut abgezapft.
Natürlich werde ich immer darüber informiert, was geschieht, aber meist vergesse ich es doch wieder. Ich bin
dem Pflegepersonal ausgeliefert, vertraue aber darauf,
dass sie das Richtige machen.
Manchmal komme ich mir aber auch vor wie meine
Kaffemaschine, wenn ich sie entkalke: Da werden Mittel
in mich hinein gepumpt bis alles gereinigt ist, damit ich
dann wieder mit sauberen Röhren bei Null beginnen
kann.

Heute kam mein erwachsener Sohn überraschend zu
Besuch. Alle Besucher müssen aus hygienischen Gründen
einen Schutzmantel überziehen. Da er sehr gross und
kräftig ist, kann er die Knöpfe kaum schliessen. Nur schon

sein Anblick bringt mich zum Lachen. Ob er noch ge-
wachsen ist, seit ich ihn zum letzten Mal gesehen habe?
Vielleicht sehe ich ihn aber plötzlich mit anderen Augen?

Neujahr in Dubai
28. Dezember

Eigentlich sollte ich jetzt hoch über den Wolken schweben. Für heute hatte ich ursprünglich zusammen mit einer lieben Freundin einen Neujahrstrip nach Dubai gebucht. Nachdem ich Dubai letzten Sommer nur brütend heiss erlebt hatte, wollte ich unbedingt die Stadt bei Normaltemperatur nochmals ansehen. Ich hoffte natürlich auch auf ein gigantisches Feuerwerk, da ich erlebt hatte, wie masslos und übertrieben in den Emiraten alles daherkommt.

Aber eben, statt über den Wolken in der Sonne zu schweben, blicke ich auf die düsteren Wolken, die über dem Zürichsee hängen.

Wer weiss, was während der verpassten Reise geschehen wäre, wenn man meine Erkrankung nicht vorher entdeckt hätte?

Durch die vielen herumfliegenden Bakterien wäre mein längst ohne mein Wissen geschwächtes Immunsystem sicher zusammengebrochen. Vielleicht wäre ich dann in Dubai hospitalisiert worden? Wie ich mich kenne, hätte ich aber irgendwelche Grippemittel genommen, hätte tapfer durchgehalten und mich zu Hause erst einmal ins Bett gelegt und über die verdorbenen Ferien geschimpft. Ich bin immer noch froh und dankbar, dass man im Blutspende-Zentrum gerade noch rechtzeitig entdeckt hat, dass etwas mit meinem Blut nicht stimmt.

Weil ich mich immer gesund und munter gefühlt hatte, konnte ich mir damals auch kaum vorstellen, eine ernsthafte Erkrankung zu haben. Erst als ich zum entscheidenden Gespräch in den Spital gerufen, und dort über die

Schwere meiner Krankheit informiert worden war, hatte ich begriffen, dass es sich nicht nur um einen harmlosen Infekt handelte.

„Warum ausgerechnet ich?" Diese Frage stand für mich nie im Vordergrund. Ich war in den Minuten nach dem Befund nur unendlich wütend gewesen. Wütend auf meinen Körper, der mich im Stich liess. Hatte ich ihn vernachlässigt? Zuviel Zucker gegessen, zu wenig Sport getrieben, ihm zu viel zugemutet? Ich war so unheimlich wütend. Mein Körper, der Versager!
Kein Nikotinmissbrauch, keine gesundheitsbeeinträchtigenden Beschäftigungen, keine Alkoholexzesse, die mich geschwächt hätten. Nur irgendwelche irren Zellen, die plötzlich verrückt spielen. Aber anscheinend bin ich einem Zufallsprinzip ausgeliefert. Bei der akuten myeloischen Leukämie trifft es ca. jeden fünfzigtausendsten. Schicksal, Zufall, Gottesfügung?…ich weiss es nicht. Hauptsache, ich werde wieder gesund, denn Dubai ist nur verschoben, nicht aufgehoben.

Und täglich grüsst das Murmeltier
29.Dezember

Wer kennt den Film „Und täglich grüsst das Murmeltier"
nicht?
Die Geschichte handelt von einem Mann, der immer und
immer wieder denselben Tag mit denselben Abläufen
und Begegnungen erlebt. Anfangs versucht er sich mit
allen Tricks und Mitteln dagegen zu wehren, doch jeden
Tag erwacht er am selben Datum. Irgendwann beginnt
er seine Gefangenschaft in der Zeit zu akzeptieren und
nutzt das unabänderliche Schicksal, um sein Verhalten zu
ändern, aber auch, um neue Fertigkeiten zu üben. So
lernt er Klavier spielen, Eisskulpturen herstellen und kann
französische Gedichte rezitieren.

Dies benutze ich heute als Anstoss für meine Gedanken:
Auch mein Tagesablauf verläuft ziemlich gleichförmig:
Um 4 Uhr die erste Überprüfung der Körperfunktionen,
6.30 Blut nehmen, duschen, 8 Uhr Morgenessen, 8.30 auf
dem Stepper Konditionstraining, 9 Uhr kommt: „Igge
muese Bode buss" , dann mailen, lesen, stricken, Arztvisite, Mittagessen, mailen, lesen, stricken, Nachtessen.
Aufgelockert wird der Tag durch Familienbesuche, die
jetzt aber immer öfter und aus ganz verschiedenen
Gründen seltener werden.
Vielleicht sollte ich die ewig scheinende Zeit, die mir hier
aufgezwungen wurde, auch besser nutzen? Ich könnte
mehrere Fremdsprachen lernen, das Zehnfingersystem,
einen Fernkurs in Wirtschaft und Recht machen, mich
über das Internet als Mode- und Stilberaterin weiterbilden

oder mich als Tierheilpraktikerin ausbilden lassen. Mir stehen plötzlich unendliche Möglichkeiten zur Verfügung. Heute war der Professor wieder ausserordentlich zufrieden mit mir. Mein Hämoglobin wehrt sich standhaft gegen die Vernichtung und steigt sogar ab und zu wie zum Trotz kurz an. Das ist anscheinend nicht üblich, zauberte jedoch ein glückliches Lächeln auf seine Lippen.

Die Antibiotikagaben machen mich eher müde, was mich jedoch bis jetzt nicht abhält, jeden Morgen aufzustehen, mich hübsch anzuziehen (Jogginghose und weites T- Shirt) und mich erst abends wieder ins Bett zu legen. Immer noch habe ich rot geschwollene Elefantenohren und bin halsabwärts verpickelt wie ein unreifer Teenager. Dazu kommt jeden Morgen eine pelzige Zunge und ein trockener Mund, wie wenn ich zu viel getrunken hätte. Gemein, wenn ich nur die Nebenwirkungen habe, aber den Genuss vorher nicht...
Aber der Sinn steht mir im Moment sowieso weniger nach einem Cüpli oder einem Glas Wein. Erwachen werden wir alle gleich: Mit Pelzzunge, trockenem Mund und Brummschädel. Ich wegen der Antibiotika - ihr wegen des Alkohols!

Schwanger oder nicht?
30.Dezember

Oh, das war eine unruhige Nacht. Immer wieder plagten mich Magenkrämpfe, die mich wach hielten. Die junge, nette Schwester meinte mitfühlend: „Vielleicht bekommen sie ihre Tage?"
Nein, vielleicht bin ich ja ungewollt schwanger und liege in den Wehen?
Manchmal ist es für mich schwierig abzuschätzen, ob immer alles ernst gemeint ist, was das Pflegepersonal sagt.
Jedenfalls ist es sehr unangenehm und wiederholt sich mehrfach während des Tages. Dazu der ausgetrocknete Mund, meine riesigen, geschwollenen Elefantenohren, die Pickel am Hals...aber der Professor ist auch heute überaus zufrieden mit mir, und das ist die Hauptsache. Wenn er zufrieden ist, bin ich es auch.

Heute konnte ich schon das Menu für morgen, den Sylvester, bestellen. Ich fragte die nette Dame vom Essensdienst, ob es auch ein Mitternachtsmenu und etwas zum Anstossen gäbe. Solche Witze sollte ich nicht machen mit armen, unbescholtenen Spitalangestellten. Sie schaute mich nur völlig entsetzt an und meinte: „Ich weiss nicht so recht, da muss ich erst in der Küche nachfragen". Sie war damals schon nicht begeistert gewesen, als ich am Weihnachtstag ein Fondue Chinoise für mich allein bestellt hatte. Damals erklärte sie mir nett, dass das wegen der offenen Flamme nicht ginge. (Es gibt doch auch Elektrorechauds, oder?)
Jedenfalls findet sie mich seither sicher sehr seltsam.

Morgen kommt der Haarspezialist mit Probeperücken.
Noch habe ich alle Haare, aber nun werde ich vermessen, dann werde ich als nächstes meine Haare raspelkurz abschneiden. Ich bestimme immer noch selbst, wann meine Haare verschwinden!
Bis dahin treffen hoffentlich die ersten selbstgemachten Kopfbedeckungen meiner Freundinnen ein.

Schwarz, rot oder blond?
31. Dezember

Heute Nachmittag erscheint wie abgemacht die Dame von der Perückenfirma. Kurz vor meinem Spitaleintritt haben wir noch schnell Fotos von allen Seiten von meinem Gesicht gemacht. Etwa so, wie es bei Schwerverbrechern im Film üblich ist.
An Hand der Bilder hat sie eine Vorauswahl an Perücken mitgenommen, die in Farbe oder Form etwa passen könnten.
Da ich immer noch alle Haare trage, können wir den Farbton genau abgleichen. Es ist einfach spannend zu sehen, was ein etwas hellerer Farbton oder ein dunkleres Braun aus mir macht. Auch ein paar Engelslöcklein mehr oder weniger lassen mich gleich seriöser oder wilder aussehen.
Ich glaube aber, dass ich schlussendlich die richtige Wahl getroffen habe.
Ich finde den Gedanken überhaupt nicht lustig, dass ich bald mit Glatzkopf dasitze. Ohne Haare fühle ich mich nackter, als wenn ich ohne Kleider dasitzen würde. Irgendwie entwürdigt. Aber dafür erhalte ich für diese Zeit ja hoffentlich ganz viele liebevoll selbstgemachte Kopfbedeckungen.
Vorteile hat das Ganze schon auch: Kein Coiffeurbesuch, kein „bad hair day", keine nachwachsenden grauen Haare, kein häufiges Haare waschen, kein Färben.
Ich werde mich krümmen vor Lachen über die läppischen Haarprobleme meiner Freundinnen.
Die Perücke wird von der Invalidenversicherung übernommen, was mich doch sehr überrascht. In diesem Fall

26

bedeutet das, dass unfreiwillige Glatzenträger als invalid gelten, oder?

Nun noch medizinische Fakten:
Meine Hämoglobinwerte sind nun auf 80 gesunken, obwohl sie sich sich tapfer geschlagen haben die letzten Tage. Deshalb wurde ich heute Mittag an eine Blutkonserve angeschlossen. Schon ein seltsamer Gedanke, dass in diesem Moment das Blut eines anderen Menschen in mich tröpfelt. Irgendwie macht nun mein jahrelanges Blutspenden einen Sinn. Geben und nehmen- wie immer im Leben. Ich werde nie verstehen, warum es immer noch Leute gibt, die Angst vor dem Blutspenden haben und sich deshalb nie freiwillig melden!

Für heute habe ich die Nachtschwester beauftragt, mich kurz vor 24 Uhr zu wecken. Wenn schon nicht in Dubai, so muss ich wenigstens das Feuerwerk von Zürich bewundern können. Schlafen kann ich später noch.
Per Mail wünsche ich allen Bekannten einen friedlichen, stressfreien Abend - und vor allem: Gesundheit!

Neujahrsparty im Spital
1. Januar

Das war ein Spektakel!

Ich war wirklich wach um Mitternacht, und zwei liebe Nachtschwestern begleiteten mich in ein anderes leeres Zimmer, damit ich einen besseren Blick Richtung Zürich habe. Schon immer habe ich es geliebt, wenn die Glocken das neue Jahr ausläuten und nach den 12 Glockenschlägen wieder einläuten. Es bimmelte von allen Seiten. Und dann das Feuerwerk! So etwas habe ich noch nie gesehen: Herzen, Kubusse, Kringel, mehrfarbige Ringe - einfach gigantisch! 20 Minuten lang kam ich aus dem Staunen nicht mehr heraus.

Die Nacht danach war leider kurz durch die Kontrollen und Blutabnahmen um 4 und 6.30 Uhr.

Das heutige Neujahrsmenu lässt sich auch sehen:

Zum Mittagessen wähle ich Marronisuppe mit Rotweinbirnen, dann ein Schweinsfilet im Teig mit Portosauce und Gemüse und zum Dessert eine Neujahrs- Rosenmousse.

Zum Nachtessen habe ich bestellt:

Eine Doppelportion Sushi, Baby- Ananas mit Pouletsalat an Currysauce mit Früchten und verschiedenen Salaten, sowie eine Passionsfruchtcrème.

Ich hoffe ganz fest, dass ich das dann auch essen mag, denn nach dem Mittagessen hat mich plötzlich wieder Fieber überfallen. Aber im Bett liegen ist ja soooo langweilig. Deshalb sitze ich nun mit 38.5 Fieber am Tisch. Dazu kommen Darmprobleme, meine rot geschwollenen Ohren, meine beissenden Pickel, von denen immer noch niemand weiss, woher sie kommen, und mein trockener Mund.

Abgesehen von diesen „Kleinigkeiten" ist der Professor aber auch heute sehr zufrieden mit mir!

Leukozyten
2.Januar

Heute kriege ich eine Portion Leukozyten. Irgendwie hat sich die Gabe von gestern von einem kurzen Anstieg wieder ins Negative begeben.
Und wie gestern kriege ich Schüttelfröste und Fieber.
Ich bin so wütend auf meinen Körper, der nicht so will mein Kopf.
Passiv im Bett liegen passt mir gar nicht. Ich hätte auch Gescheiteres zu tun!
Am Nachmittag mag ich keine E- Mails mehr schreiben.
Ich bin zu müde und zu schlaff. Hauptsache, der Professor ist zufrieden!

Am Abend kommt ein Dermatologe zu Besuch. Wie ein nervöser Wirbelwind rauscht er ins Zimmer, besieht sich meine Bläschen und will wissen, ob und welche Kinderkrankheiten ich schon gehabt hätte.
Nachdem ich ihm brav Auskunft gegeben habe meint er:
„Aha. Es könnte natürlich auch Herpes, oder sonst ein viraler Infekt sein" das könne er jetzt nicht sagen.
Daraufhin guckt er unsanft hinter meine geschwollenen Ohren und sagt, dass ich dieselbe (unnütze) Salbe einschmieren soll wie bis anhin.
Was ist denn das für eine Diagnose?
Daraufhin stelle ich ihm herausfordernd die alles entscheidende Frage, ob es nach seiner Meinung noch Hoffnung gäbe, dass meine Ohren nicht abfallen - und siehe da, das zaubert doch ein Lächeln auf seine Lippen.

Schwach
3. Januar

Heute Morgen muss ich mich lange überwinden, bevor ich die 5 Meter bis zum Badezimmer unter die Füsse nehme. Ich fühle mich etwas schwabbelig von der fiebrigen Nacht. Ich liege im Bett und überlege lange, wie ich die beinahe unüberwindbare Distanz bis zum Bad schaffen soll. Vor kurzem hätte ich darüber keinen Gedanken verschwendet, wäre aufgestanden und hingegangen, doch jetzt wird dies zum privaten Marathonlauf.

Bis zum Mittagessen liege ich schlaff im Bett, dann beginnt wieder dasselbe Programm wie gestern: Schüttelfröste, 2 Decken, plötzlich Fieber und dann weg mit den Decken. Es ist erschreckend, wie schnell ich Kraft und Energie verliere. In diesen Momenten ist mir alles egal. Alles ist eine riesige Kraftanstrengung.
Nur liegen, nichts denken, nichts machen. Ich wünsche mir, dass die Zeit möglichst schnell zerrinnt, damit ich diesen Alptraum hinter mir lassen kann.

Ich fühle mich nicht mehr als Individuum, sondern nur als Körper. Als Körper, der krank und unendlich müde ist. Die Chemotherapie kann nicht unterscheiden zwischen gesunden und kranken Zellen, und so werden nicht nur die bösen Zellen vernichtet, sondern auch die guten. Die Nebenwirkungen nehmen ständig zu. Pickel im Mund, Magenschmerzen, Kopfweh, dazu all die bereits vorhandenen Übel. Kommt, dazu, dass ich meine Haare nun büschelweise ausreissen kann. Ich fahre mit der Hand durch meine halblangen Haare und schon habe ich sie in der Hand. Sogar die Haarzellen kapitulieren.

Ich finde es furchtbar. Überall Haare: auf dem Kopfkissen, im Kamm, am T-Shirt.

Morgen oder übermorgen will ich sie rasieren. Dann wird auch gegen aussen sichtbar, dass etwas mit mir nicht stimmt.

Haare weg
5. Januar

Gestern Abend hatte ich wieder Schüttelfröste und daraufhin 40 Grad Fieber. Eine weitere lange Nacht!
Als es mir morgens etwas besser ging, hat mir eine Pflegefachfrau die Haare rasiert. Zu diesem Zweck stülpte sie mir einen Plastiksack mit Loch über den Körper. Ich musste den kleinen Abfallsack offen halten und sie liess Büschel um Büschel meiner Haare hineinfallen. Schlussendlich wagte ich einen Blick in den Spiegel: Ich sehe ganz schrecklich aus.
Kurze Haarbüschel stehen mir vom Kopf ab. Heisst dieses Modell in der Fachsprache „Gerupftes Huhn"?
Dann beginnt wieder hohes Fieber und schon wieder Schüttelfröste. Ich weiss, was in den nächsten Stunden auf mich zukommt.

Das Essen widert mich an, alles erscheint mir schwierig. Ich döse und meine Gedanken kreisen und kommen nicht zur Ruhe.
Schon am ersten Tag hat mich Professor Murge aufgeklärt, dass mir die Haare ausfallen werden. Ich habe mich immer wieder damit auseinandergesetzt und schlussendlich selbst bestimmt, wann sie abrasiert werden.

Mit meinen Stoppeln sehe ich krank aus. Nun ist es sichtbar, jeder, der ins Zimmer kommt, wird es sehen. Ich kann mich nicht mehr verstecken hinter meinen Haaren.
Ich fühle mich geschlechtslos.
Bin ich Mann oder Frau? Ein Unbekannter könnte die Frage kaum beantworten.

Ich bin ein Zwischending. Fühle mich wie auf einer Zwischenstation in meinem Leben.
Ich kenne mich und meinen Körper nicht mehr.
Dazu - wie originell - ein anders aussehender Hautausschlag, diesmal an den Armen und Beinen.

Alles doof und trotzdem glücklich
6. Januar

Wer kennt sie nicht, die Postkarten, Bücher, Handtücher
und was es sonst noch gibt, mit dem knuddeligen
schwarz - weissen Schaf?
Meist ist es zusammen mit einem Kommentar abgebildet.
Und genau diese Kommentare kommen mir heute in den
Sinn, denn es ist mir alles so zuwider!
Klinik doof, Essen doof, Wetter doof, Computer doof, Pickel doof, Frisur doof, Tee doof, Bett doof, Nebenwirkungen doof, Professor nicht doof!
Gestern hat er bei mir abermals eine Knochenmarkpunktion gemacht. Dabei wird mit einer langen Nadel durch
die Haut durch den Knochen gestochen und etwas Flüssigkeit herausgezogen.
Da er mir erzählt hat, dass über die Hälfte der Patienten
dies nur mit örtlicher Betäubung hinter sich bringen, will
ich zur tapferen Truppe derer gehören, die es ohne Narkose überstehen.
Zugegeben, es schmerzt schon sehr, wenn die Flüssigkeit
hinausgezogen wird, aber der Moment ist nur kurz.

Wichtiger aber ist das Ergebnis: Keine Leukämiezellen
mehr in Sichtweite!
Sogar das Pflegepersonal freut sich mit mir.
Also, ein Grund heute zu feiern. Ein wichtiger Meilenstein
ist geschafft. Hurraa!

7.Januar
Wer bin ich?

Es ist für mich jeden Morgen eine Überraschung (ehrlich gesagt, ein Horror) den ersten Blick in den Spiegel zu werfen. Was hat sich mein Körper in der durchwälzten Nacht wohl wieder neues einfallen lassen?
Heute komme ich wie eine Kröte daher. Straffe Haut (das wäre ja noch wünschenswert), überall ganz kleine rote Punkte und ein Froschmaul im bleichen Gesicht.

Trotz ständigem Fieber beschliesse ich, wieder einmal aus dem Bett zu steigen. Es ist so enorm anstrengend.
Dazu habe ich gestern schon bemerkt, dass mit meinen Augen etwas nicht stimmt. Ich habe Mühe, etwas zu lesen oder TV zu schauen. Eine vorübergehende Nebenwirkung, beruhigt mich der Professor. Wie lange das dauert, weiss ich nicht.

Heute hatte ich eine interessante Begegnung mit einem Pfleger. Er kam mit einem Blatt Papier herein und sagte etwas verlegen: „Ich soll sie nach ihrem Vor- und Nachnamen und ihrem Geburtsdatum fragen, ohne dass sie erfahren dürfen wieso ich das frage. Wie bitte? Ich verstand überhaupt nichts und sagte erstaunt: „Aber das steht ja alles am Bettende, das können sie selbst ablesen."
Daraufhin klärte er mich auf, dass dies ein verordneter Test sei, um zu schauen ob ... Ja was denn? Ob mein Hirn mit der Chemotherapie weggeschwemmt wurde? Ob ich dement bin? Ob ich Persönlichkeitsstörungen habe?

Das hätten doch alle schon lange bemerkt, wenn ich
Blödsinn erzählt hätte.
Vielleicht sollte ich mir aber auch etwas mehr Mühe geben und nicht mehr so blödeln.
Vielleicht verstehen nicht alle Pfleger meine (zugegebe-
nermassen) gewöhnungsbedürftigen Witze und sind sich
deshalb nicht sicher, ob alles stimmt mit mir ...

Ein bisschen abgehoben
8. Januar

Der Tag hat positiv mit einer frischen Mango zum Frühstück begonnen. Obwohl ich beinahe nichts geschlafen habe, fühle ich mich voller Tatendrang. Nur eines plagt mich seit gestern sehr: Ich sehe sehr schummrig, kann nur in Grossschrift schreiben. Auch blinken alle schwarzen Kabel pink wie in der Disco und im Fernseher sind die Farben völlig entstellt. Der Pfleger wundert sich auch, als ich ihm ein Kompliment zu seinen Goldsträhnchen im Haar mache.

Des Professors Visite klärt alles auf: Eine Angestellte hat anscheinend die Tagesdosis eines Pilzmittels für heute bereit gemacht, eine andere fleissige Schwester hat sie gleich anschliessend an den Infusionsständer gehängt , obwohl die erste erst kurz vorher durchgelaufen war.
Ich finde das gar nicht schlimm und fühle mich wie auf Watte gebetet.

Ich staune über die farbigen Wolken, die durchs Zimmer schweben. Die Bilderrahmen blinken wild und meine dunkle Jogginghose scheint von blinkenden LED Lämpchen bestickt zu sein. So verbringe ich ein paar farbige Stunden, und entdecke immer wieder neue, blinkende Details.
So ist das Leben farbenfroh und unbeschwert!
Aber leider geht alles vorbei.

Gut behütet
9.Januar

Da tröpfeln sie langsam ein, meine Behüter! Meine
Freundinnen waren fleissig und senden mir Kopfbedeckungen aller Art. Jede Pflegerin, die ein Päckchen öffnen darf, ist genau so neugierig wie ich.
Ganz stolz sitze ich da in meinem Lehnstuhl und lasse
mich bewundern.

Ich habe schon beinahe allen Mützen einen Namen gegeben.
Da gibt es Typ: „Steig in meinen Seitenwagen", Typ: „Ab
in den Norden, Typ: „Heute mach ich blau", Typ: „ Isch
bin die Schantal aus Paris", Typ: „Roter Zwerg", Typ:
„Peace, ich sehe den Regenbogen" und Typ „Marta" ...
Es ist unglaublich, mit wie viel Phantasie da gestrickt, ge-
häkelt und genäht wurde.

Auch nachts bin ich froh um die Käppis. Nie hätte ich
geahnt, wie kalt es mit Glatze ist. Und so bin ich nun Tag
und Nacht gut behütet.

Behütet

In fiebriger Erwartung
10. Januar

Heute gönne ich mir frische Ananas UND Mango zum Frühstück. Das weckt meine Lebensgeister und gibt mir Energie.

Um die Mittagszeit kommt strahlend mein lieber Professor herein und verkündet, dass ich auf Grund meiner gestiegenen Blutwerte schon in einer Woche nach Hause darf!

Dort darf ich eine Woche bleiben und mich erholen, bevor ich zum nächsten Chemotherapie - Zyklus antreten muss. Obwohl ich kaum scharf sehe und in seinen grauen Haaren überall kleine silberne Lichtlein aufflackern, fühle ich mich euphorisch. Nach Hause!

Ich fasse es noch gar nicht!

Nun wird meine Isolation aufgehoben. Sofort wird das Bett neben mir besetzt. Ich bin gespannt auf meine Zimmernachbarin. Ich freue mich richtig, denn 4 Wochen alleine im Zimmer sind sehr lange und einsam. Dass ich mir meine Isolation so schnell zurück wünschen würde, hätte ich nie gedacht.

Meine neue Bettnachbarin ist sehr gesprächig. Mit Betonung auf SEHR.

Schon nach kurzer Zeit kenne ich bereits ihre gesamte Krankengeschichte sowie ihre Meinung über die Klinik. Ihr absolutes Lieblingswort ist „Scheisse" Das kann ja heiter werden. Scheisse.

Am nächsten Tag hat sich meine anhaltende Sehschwä-
che leider nicht gebessert.
So sind Bücher, Zeitungen und der Computer eine riesige
Herausforderung für mich.
Was bleibt mir, um den Tag gut hinter mich zu bringen?
Da wäre ja noch meine liebe Nachbarin. Nachdem sie
mir ihre sämtlichen Organe geschildert und analysiert
hat, ich in Kenntnis gesetzt wurde, wo ihre Narben und
Verbrennungen sind, sie mich auch aufgeklärt hat, welche Ärzte super und welche „scheisse" sind, kennen wir
uns schon ein gutes Stück besser. Ich wenigstens sie. Von
mir wollte die Dame nichts erfahren. Da ich nun ihr Innen-
leben exakt kenne, biete ich ihr das „Du" an. So erfährt
sie wenigstens etwas von mir.

Zum Glück habe ich am Nachmittag Besuch einer
Freundin. Ich nütze meine neu gewonnene Freiheit aus
und flüchte mit ihr in die Cafeteria. Wieder zurück leihe
ich mir Hörbücher aus, die mich über den Abend retten
sollen. Nochmals zwanzigmal „Scheisse" halte ich einfach nicht durch.
Irgendwie vermisse ich mein Leben in der Isolation schon.

Nach Hause
14. Januar

Nachdem meine Blutwerte weiterhin gestiegen sind, wird am Nachmittag der Subclavia Catheter (Zentralvenen Katheter) gezogen. Das heisst, dass ich mich zum ersten Mal ohne den Infusionsständer frei bewegen kann. Es ist unglaublich befreiend. Keinen Stecker rausziehen, kein Kabelsalat, kein ständiger Begleiter.
Ich freue mich auf den Urlaub zu Hause, habe aber auch etwas Angst davor.
Ich freue mich auf meine Familie, die ich so lange nicht mehr an mich drücken und halten konnte, und ich freue mich auf meine Schwester, die extra zu meiner Unterstützung aus Dänemark zu Besuch kommt.
Aber kann ich mich erholen in der gewohnten Umgebung? Habe ich nicht das Gefühl, dass ich noch kurz dies oder das erledigen sollte? Kann ich wirklich so viel Ruhe finden, wie ich brauche?
Ich werde mich wohl ganz neu kennen lernen.

Teil 2

Zu Hause
16. Januar

Ich freue mich, wieder in der eigenen Wohnung zu sein.
Alles ist irgendwie fremd. Obwohl es Januar ist, steht
noch die Adventsdekoration da.
Alles sieht aus wie vor 5 Wochen. Was dazwischen geschehen ist, scheint unwirklich.

Ich freue mich über das Wiedersehen mit den Kindern.
Aber Gespräche sind anstrengend. Ich merke, dass meine Gedanken viel langsamer sind und ich nicht mehr
überall schnell mithören kann. Auch bis mein Hirn Fragen
oder Bemerkungen verarbeitet hat, geht es länger. Ich
fühle mich leicht abgehoben, müde und wie in Watte
gepackt. So kenne mich gar nicht.

Zum Glück ist meine Schwester aus Dänemark rechtzeitig
eingetroffen! Sie will mich in dieser Woche zu Hause unterstützen. Ich bin sehr froh um ihre Hilfe. Sie sieht die Arbeit, bevor mein auf Sparflamme arbeitendes Hirn begriffen hat, was los ist.
Ja, und was mache ich, während sie im Haushalt her-
umwirbelt?
Für mich braucht alles viel mehr Konzentration. Jeden
Handgriff muss ich bewusst ausführen. Es geht nichts
mehr automatisch. Ich muss mich sehr konzentrieren und
vieles ist mir auch gleichgültiger als noch vor ein paar
Wochen.

Ich komme mir vor wie eine Grossmutter, die sitzt und zuschaut, was da rundum geschieht.
Ich hoffe doch schon sehr, dass mein ursprünglicher Antrieb und mein Elan bald wieder kommen.

Eine haarige Sache
16. Januar

Heute geht es am Morgen nach Wallisellen. Dort liegt
meine Perücke bereit, die ich vor etwa 3 Wochen an
Hand von verschiedenen Mustern ausgewählt habe.
Ich bin so gespannt.
Im Coiffeursalon ziehe ich meine Mütze aus und erhalte
meine neue Perücke.
Es ist erstaunlich! Da wird aus einer glatzköpfigen, hohl-
äugigen Person plötzlich wieder eine normal aussehende
Frau.
Ich kann damit sogar schwimmen, Achterbahn fahren
und im Sturm spazieren. Das tönt doch verheissungsvoll.

Die nächste Station ist beim Professor. Er will mir zur Kontrolle Blut abnehmen. Wichtiger aber ist, dass meine
Schwester aus Dänemark eine Blutprobe abgibt. So kann
festgestellt werden, ob sie sich als eventuelle Stammzel-
lenspenderin eignen würde. Die Trefferquote unter Ge-
schwistern liegt bei 25%. Zum Glück habe ich noch zwei
weitere Schwestern, so dass die Chance auf eine Über-
einstimmung steigt und ich vielleicht nicht auf einen
Fremdspender angewiesen bin. Sonst müsste auf eine
internationale Datenbank zurückgegriffen werden, um
einen geeigneten Spender irgendwo auf der Welt zu
finden. Es müssen unheimlich viele Daten zusammen-
stimmen, beinahe wie ein Lottotreffer.
Noch ist eine Transplantation nicht notwendig, aber der
Professor ist sehr vorsichtig und denkt weit voraus. Aber
jedes Mal, wenn ich wieder Zahlen und Fakten, Risiken
und Nebenwirkungen höre, bin ich ganz deprimiert, da

mir bewusst wird, dass das Sterberisiko für mich immer noch enorm hoch ist. Nach nur einer Chemotherapie ist die Wahrscheinlichkeit vorhanden, dass sich immer noch kranke Zellen in mir verstecken.

Zum Glück lenkt mich die grosse Familienrunde am Esstisch etwas ab. Meine Schwester kocht meisterhaft, alle sind friedlich und wir haben es lustig miteinander.

Dies lenkt mich von meinen düsteren Gedanken ab und der Tag findet doch noch einen schönen Ausklang.

Abschied vom Alltag
20. Januar

Morgen muss ich wieder für einige Wochen zurück in die Klinik, um mich dem zweiten Chemotherapie - Zyklus zu unterziehen.

Wie gerne wäre ich noch zu Hause geblieben. Ich werde nun auch nicht mehr so schnell müde und fühle mich etwas wacher.

Ich fülle den letzten Tag mit Alltäglichem. Sachen, die mir fehlen werden: Einkaufen, Blumen giessen, einen letzten Spaziergang an der frischen Luft.

Jetzt muss ich mich auch von meiner Schwester verabschieden, die wieder nach Hause reist. Kurz habe ich Angst, dass ich sie vielleicht nie mehr wieder sehen werde. Wer weiss, wie es mir weiter ergehen wird?

Wie tröstlich, dass sie verspricht, mich nach meinem nächsten Spitalaufenthalt wieder zu bekochen. So habe ich einen Grund mehr, um wieder gesund nach Hause zu kommen.

Es fällt mir schwer, mich wieder von zu Hause zu lösen. Wie schön wäre es, einfach hier zu bleiben. Obwohl ich viele liebe Telefonanrufe meiner Töchter bekomme und auch Kontakt über Mail hatte, werde ich das „normale" Leben vermissen. Nochmals 4-5 Wochen in einem Zimmer.

Nur jetzt nicht den Kopf hängen lassen. Das Ziel ist klar: ÜBERLEBEN.

Los geht's!

2. Chemozyklus
21. Januar

Da wäre ich also wieder in der Klinik. Ich liege wieder im selben Zimmer wie vorher. Die Begrüssung auf dem Korridor vom Pflegepersonal ist herzlich.

Aber der Schock folgt, als ich ins Zimmer komme: Da meine Blutwerte immer noch gut sind, stehe ich noch nicht unter Quarantäne und teile das Zimmer.

Da liegt jemand in MEINEM Bett! MEIN Bett mit Seesicht ist belegt und ich liege abgeschoben in der Badezimmerecke.

Damit habe ich nicht gerechnet.

Nach kurzer Zeit habe ich aber festgestellt, dass meine Zimmernachbarin sehr nett ist. Und da wir nun nebeneinander liegen, duzen wir uns gleich. Sie heisst Rosa und wird wegen Lungenkrebs behandelt.

Sobald ich wieder im Spitalnachthemd im Bett liege, fühle ich mich krank.

Es folgen viele Untersuchungen:

Milz und Leber werden mit Ultraschall geprüft. Meine Lunge wird geröntgt und unter kurzer Narkose wird wieder eine Knochenmarkpunktion vorgenommen und ein neuer Subclavia Katheter gesetzt.

Und nach diesem Marathon geht es noch weiter: Der Professor hat etwas Auffälliges gesehen auf meiner Lunge, das ihn irritiert. Also ab in die Röhre mit mir.

Leider ist auch hier das Ergebnis sehr unklar. Zuerst muss geklärt werden, was mit meiner Lunge los ist, bevor mit der zweiten Chemotherapie begonnen werden kann.

Für den nächsten Tag ordnet Professor Murge eine Lungenbiopsie an. Sie soll zeigen, was da los ist.

Er wirkt etwas ratlos und will Gewissheit, damit er etwas dagegen unternehmen kann. Das will ich auch.

Biopsie
22. Januar

Am Morgen kommt der Lungenspezialist, der mir erklärt, dass eine Lungen-Biopsie unumgänglich sei. Das heisst konkret, dass mir heute unter Narkose eine Probe entnommen wird. So kann festgestellt werden, welche Bläschen und Schatten sich da befinden. Niemand kann mir Auskunft geben, wie viele Tage es bis zum Ergebnis braucht. Klar ist jedoch, dass zuerst die Lunge behandelt werden muss, bevor mit der nächsten Chemo begonnen werden kann. Ich hoffe natürlich ganz fest, dass sie etwas finden, das leicht zu behandeln ist. Bitte nicht noch eine zusätzliche Komplikation!

Die Biopsie habe ich gut überstanden aber am Nachmittag bin ich völlig durcheinander. So benommen habe ich mich noch nie gefühlt. Ich schwebe zwischen Halbschlaf und Halbwach.
Am Abend bekomme ich unnötigerweise über 39 Grad Fieber, was noch mehr an meinen Kräften zehrt.
Leider liegt auch am folgenden Tag noch keine Laborauswertung vor. Das kann noch einige Tage dauern. Bis dahin muss ich warten, bangen und hoffen.
Es ist nicht angenehm, im Ungewissen zu leben.

Gesund ist auch nicht lustig
24. Januar

Endlich fühle ich mich wieder besser.
„Gesund" im Spital ist nicht lustig. Es ergibt keinen Sinn.
Ich warte immer noch auf die Ergebnisse meiner Bronchoskopie (so heisst dies in der Fachsprache richtig). Leider muss ich immer noch mit dem riesigen Infusionsständer herumlaufen. Da hängen die Infusionen mit einer Salzlösung, um meine Infusionen für den Ernstfall offenzuhalten. Dadurch bin ich echt behindert
Dennoch versuche ich mir die Zeit irgendwie sinnvoll einzuteilen.

Wenn man längere Zeit im Spital ist, lernt man die Pflegenden und das Hilfspersonal immer besser kennen.
Langsam merke ich, wer ganz ernst ist und keine lustigen Bemerkungen erträgt und wer ab und zu auch lachen kann.
In meiner Isolation, als ich noch alleine im Zimmer war, hatte ich auch viel nachgefragt. So weiss ich, welche Schwester sehr schüchtern ist und so gerne einen Freund möchte, welche übers Internet den 2. Mann gefunden hat, wer in einer riesigen Wohnung wohnt und den Luxus geniesst und wer vor vielen Jahren ein uneheliches Kind bekommen hat und einen steinigen Weg durchs Leben hatte.
Ich kenne auch den Pfleger, der nach dem Mauerfall sofort in der Schweiz eine Stelle annahm. Wie er wie ein Kind über alles hier gestaunt und seine erste Kiwi mit Schale gegessen hat, weil ihm niemand gesagt hat, dass man sie schälen muss. Da gibt es den jungen Pfleger, der

mit 12 Jahren aus Siebenbürgen mit den Eltern in die Schweiz kam, oder die Pflegerin, die aus dem Iran kam und nun perfekt Schweizerdeutsch spricht. Das Völkergemisch in einem Spital ist interessant, Schweizer sind aber eindeutig in der Minderzahl.

Rausschmiss
25. Januar

Gestern war ich mit Rosa, meiner Zimmerkollegin, im
hauseigenen Fitnesscenter. Meine Muskeln und meine
Ausdauer sind völlig am Boden. Heute Morgen erwachte
ich mit einem kräftigen Muskelkater.
Da muss ich noch fleissig trainieren in nächster Zeit!
Aber das Beste habe ich noch gar nicht erzählt:
Sie schmeissen mich hier raus! Ich soll der Krankenkasse
keine unnötigen Kosten verursachen und auch kein Bett
unnötig besetzen.
Nein, der wahre Grund ist, dass meine Lungenauswer-
tungen erst in einigen Tagen erwartet werden und der
Professor sich überlegt hat, dass ich diese Zeit doch lieber
zu Hause bei meiner Familie verbringen würde.

Die ersten Ankündigungen zu Hause stossen nicht gerade
auf Begeisterung. Es löst bei den Töchtern einen gewissen
Stress aus: Mutter kommt nach Hause - sofort aufräumen!
Auch ist der Frust bei ihnen gross, dass in dieser Woche
keine Chemotherapie stattfand, ich die Zeit im Spital
nicht nutzte um möglichst schnell gesund zu werden. Für
sie gilt nur, dass mich jeder Tag im Spital der Heilung näher bringt. Werde ich nach Hause entlassen, bedeutet
das für sie, dass sich dadurch meine endgültige Entlassung weiter nach hinten verschiebt.
So unplanbar ist mein Leben im Moment. Und es tut mir
etwas leid, dass ich dadurch auch das Leben anderer
durcheinander bringe. Auch ich hätte die kommende
Zeit im Spital gerne schnell hinter mich gebracht.

Meine Zimmernachbarin Rosa ist natürlich auch traurig, denn ihre nächste Bettnachbarin wird kaum so lustig und aufmunternd sein wie ich.

Wir versprechen uns, telefonisch Kontakt zu halten, falls sie aus dem Spital entlassen wird, bevor ich wieder eintrete.

Falls sie noch da ist, hat sie versprochen, mein Bett bis aufs Äusserste zu verteidigen und für mich frei zu halten.

Alltag
26. Januar

Ich habe so viel verpasst bei meinem Kurz-Aufenthalt im Spital. Meine jüngste Tochter hat an diesem Morgen ihre Maturarbeit präsentiert und ich konnte nicht dabei sein. Wie viel Frust, Ängste und Zweifel habe ich mit ihr durchlitten. Wievielmal musste ich sie ermuntern und motivieren!

Zum Glück hat mein Mann den Vortrag gefilmt so kann ich einen halben Tag später alles mitverfolgen.
Wie gerne wäre ich jedoch bei diesem Meilenstein dabei gewesen!
Es tut mir im Innersten weh, dass ich an diesem wichtigen Tag nicht bei ihr sein konnte. Es ist nicht dasselbe, den Anlass an einem Bildschirm zu verfolgen. Ich wollte doch bei ihr sein, ihre Aufregung teilen, sie beruhigen und zum Schluss beglückwünschen. Auch sie scheint enttäuscht zu sein, dass ich nicht da war. Doch wir versuchen beide unsere Trauer über den verpassten Augenblick zu verbergen und uns zu freuen, dass ihr Vortrag so gut gelungen ist.

4 Tage später ein Telefonanruf von Professor Murge. Meine Laborwerte liegen immer noch nicht vor.
Also noch etwas Aufschub vom Klinikalltag.
Zu Hause funktioniere ich, wie es sich für eine brave Hausfrau und Mutter gehört: Einkaufen, kochen, waschen …
Im Moment scheint sich die Familie nicht gross an meine Krankheit zu erinnern. Kein Wort fällt darüber. Dank Perü-

cke sehe ich wieder normal aus, also soll ich auch normal funktionieren.

Es ist für mich schwierig, mit dieser Normalität umzugehen. Einerseits will ich mit meiner Krankheit niemanden belasten, gebe mir Mühe, allen Erwartungen zu genügen, dabei hätte ich Trost und Aufmunterung so bitter nötig.
Doch oft kriecht in mir das Gefühl hoch, dass ich eher die Aufgabe habe, die anderen aufzumuntern und sie zu beruhigen als umgekehrt.

Dieses Gefühl beschlich mich auch oft bei ihren Besuchen im Spital. Ich liege zwar im Bett, an den Infusionen angeschlossen, mime aber die Unbesiegbare, die Unerschütterliche, die mit viel starker Hoffnung in die Zukunft sieht, auch wenn das nicht immer so ist. Wen schütze ich damit? Meine Angehörigen oder mich selbst?
Kann ich überhaupt schwach sein? Traue ich meinen nächsten Angehörigen nicht zu, mit meiner Angst, meinen Schwächen umzugehen oder habe ich Angst vor ihren Reaktionen?
Habe ich Angst, ihre eigene Furcht vor dem Unbekannten in ihren Augen abzulesen?
Ich merke, dass wir uns gegenseitig keinen Trost spenden können. Wir sind gefangen in unseren Rollen stark zu sein und keine Schwäche zu zeigen. So verletzen wir uns gegenseitig nicht - oder eben doch - gerade deshalb?

Wieder zurück
2. Februar

Nach einer Woche ist Schluss mit dem Hausfrauenleben und ich muss wieder in die Klinik einrücken. Ich treffe absichtlich zu früh ein, damit ich Zeit habe, meine ehemalige Zimmernachbarin Rosa zu besuchen.
Aus unseren täglichen Telefongesprächen weiss ich, dass mein Bett neben ihr leider besetzt blieb, und auch ihr Austritt verschoben wurde.
Also keine Chance auf ein gemeinsames Zimmer.

Nun habe ich wieder alleine ein Zimmer - zum Glück mit Seeblick.
Kaum bin ich eingetreten, beginnt der Klinikalltag von Neuem: Nachthemd anziehen, an die Infusionen anhängen, Ultraschall, Röntgen, EKG - das volle Programm, um mich wieder krank zu fühlen.
Bis jetzt wurde im Labor noch nicht herausgefunden, was auf meiner Lunge sichtbar war. Immerhin wurden einige Möglichkeiten ausgeschlossen, was es sicher nicht sein kann - der Rest ist unklar.
Doch der Professor will keine Zeit verlieren und hat mich schon heute an die neue Chemo angehängt. Ich bin schon gespannt, was da wieder auf mich zukommt. Es startet immer so harmlos und dann beginnen die Nebenwirkungen. Eine dieser Nebenwirkung ist leider bekannt. Diese kann die Sehkraft beeinträchtigen. Das finde ich gar keine schöne Aussicht, denn für all meine Freizeitbeschäftigungen, die mir gegen die grosse Langeweile helfen, brauche ich dringend meine Augen. Lesen, Scherenschneiden, Fernseh schauen werden so

wohl schwieriger. So werde ich irgendwann auf Hörbücher und Radio umstellen müssen.

Einerseits bin ich jedesmal froh, wenn ich gut informiert bin, was auf mich zukommt, denn dann kann ich bereits im Kopf nach Lösungen suchen und alles scheint halb so schlimm.
Andrerseits macht es mich hilflos, wogegen ich alles ankämpfen muss.
Körperfunktionen, die ganz selbstverständlich waren, werden zu unsicheren Werten. Jeden Tag überrascht mich mein Körper mit anderen Reaktionen. Kein gesunder Mensch kann sich vorstellen, wie schlimm das ist, wenn der eigene Körper keine zuverlässige Einheit mehr darstellt.

Rosa
3. Februar

Am nächsten Tag schneit es in Zürich. So ein Ärger! Nun schneit es endlich richtig und ich verpasse die tolle Skisaison. Ich werde wohl mein Skiabonnement dieses Jahr wirklich nicht brauchen. Dafür bestehe ich darauf, dass ich wieder in den Fitnesskeller kann, um fit zu bleiben. Bald werde ich ja wieder isoliert und darf dann mein Zimmer nicht mehr verlassen. Die Zeit bis dahin nütze ich aus, um Rosa zu besuchen oder mit ihr einige Runden im Korridor zu drehen. Sie beschwert sich über ihre Zimmernachbarin, die immer das volle Licht anzündet und laut Musik hört. Wir kommen ins Schwärmen von alten Zeiten, als wir noch einträchtig nebeneinander lagen.
Damals machte sie oft Kreuzworträtsel und ich schickte sie per SMS ein. Auch träumte sie von hochhackigen Schuhen, die es nur In einem bestimmten Geschäft in München gibt. Wir versprechen uns hoch und heilig, dass wir zusammen in die Bayrische Hauptstadt reisen, sobald wir beide wieder fit sind, um für sie die tollen High Heels zu kaufen.

Unpassende Schwestern
4. Februar

Heute kommen meine beiden ältesten Schwestern zu
Besuch.

Professor Murge will vorsichtshalber bereits jetzt das Blut
meiner Schwestern untersuchen lassen, damit bei einer
allfälligen Stammzellensuche bereits klar ist, wer als
Spenderin in Frage kommt.

Leider hat das Labor herausgefunden, dass der Typ des
Blutes meiner dänischen Schwester nicht zu mir passt.
Bei gespendeten Stammzellen ist es unwichtig, welche
Blutgruppe oder welches Geschlecht der Spender hat.
Doch nach einigen Tagen Warten wird klar, dass auch sie
nicht als Stammzellenspenderinnen für mich in Frage
kommen. Falls also wirklich eine Stammzelltransplantation
nötig würde, müsste ein anonymer Spender gefunden
werden.

Bei dieser Typisierung konnte nebenbei auch gleich festgestellt werden, dass wir vier Schwestern alle denselben
Vater und dieselbe Mutter haben.

Bei dieser Feststellung kommen Erinnerungen an meine
Kindheit auf:

Wenn ich als Kind einmal sehr wütend auf meine Eltern
gewesen war oder mich ungerecht behandelt gefühlt
hatte, stellte ich mir oft vor, dass ich nur adoptiert sei, und
meine richtigen Eltern (die natürlich viel liebevoller mit mir
wären) mich gleich abholen würden.

Nun habe ich es schwarz auf weiss, dass dieser Kindheitstraum nicht der Realität entsprach.

An diesem Tag turne ich mit Rosa im Fitnesskeller. Die
Physiotherapeutin hat kein Erbarmen mit uns, und wenn

das so weitergeht, werden wir mit gestählten Arm- Bein- und Bauchmuskeln die Klinik verlassen.

Ganz überraschend wird Rosa diesen Nachmittag entlassen. Sie hat schon tagelang darauf gewartet. Ich werde sie sehr vermissen, haben wir doch oft zusammen die Zeit verbracht. Wir haben über das Pflegepersonal getratscht oder uns dieselben Fernsehsendungen angesehen.

Nun geht sie also nach Hause. Leider haben sich durch ihren Lungenkrebs Metastasen im Hirn angesiedelt, und sich dort in den letzten Wochen vermehrt. So geht sie nicht voller Zuversicht nach Hause, sondern resigniert und müde vom Kämpfen.

Mich trifft die Diagnose auch, denn natürlich komme ich ins Grübeln, wie ich mit ihrer düsteren Zukunftsaussicht umgehen würde. Auch wenn der Professor jeden Tag zufrieden lächelnd in meinem Zimmer erscheint und mir die guten Blutergebnisse zeigt, könnte sich doch auch mein Krankheitsverlauf plötzlich ändern.

Meine Lunge hat er nie mehr erwähnt. Ich muss ihn morgen einmal danach fragen.

Ich glaube, meine dunklen Gedanken passen zum düsteren Wetter.

Zudem habe ich entdeckt, dass ich anscheinend wieder eine Allergie gegen die Chemo entwickle: Mein Bauch ist voller beissender Bläschen und meine Ohren beginnen wieder zu jucken.

Bitte keine Elefantenohren mehr! Es ist so schrecklich, wenn die Ohren anschwellen und ich nicht mehr darauf liegen oder sie berühren kann.

Ausserdem sehe ich dann aus wie Prinz Charles. Und das ist wirklich übel!

Nur nicht ans Essen denken
6. Februar

Obwohl ich dem Professor vorjammere, dass der Juckreiz sich unterdessen über den ganzen Körper verteilt hat, ist er über meine guten Blutwerte ganz begeistert - alles andere ist nebensächlich. Auch zeigen ihm meine Entzündungswerte und das Röntgenbild, dass von den seltsamen Lungenschatten nichts mehr übrig ist.
Ist der Professor zufrieden, bin ich es auch - trotz nervigem Jucken.
Der Tag zieht sich in die Länge, obwohl ich immer beschäftigt bin. Am meisten Mühe macht mir im Moment das Essen. Wenn ich nur schon ans Essen denke, wird mir halb übel. Es ist mir nicht einmal möglich, die Speisekarte zu lesen, ohne dass mein Magen zu rebellieren beginnt.
So bestelle ich mir einfache Sachen aus dem Gedächtnis: Kartoffeln oder Suppe, Risotto oder eine Banane.
Nur kein Fleisch! Ich habe nicht gewusst, dass über 50% der Chemopatienten einen Widerwillen gegen Fleisch entwickeln. Da ich aber sowieso nie viel Fleisch gegessen habe, ist das nicht so schlimm.
Mir war aber nie so klar wie jetzt, wie viel Werbung im Fernsehen sich ums Essen dreht, oder wie viel für Nahrungsmittel in den Zeitschriften geworben wird. Und dann die Rezeptsammlungen in den Frauenzeitschriften!
Ich kann in keiner Zeitschrift mehr blättern oder Sendungen im Fernsehen anschauen, denn sofort würgt es mich, wenn ich Esswaren und Menues sehe.
Die Stunden schleppen sich so dahin.

Dabei bin ich so unendlich müde. Ich könnte dauernd
schlafen, wehre mich aber dagegen, weil ich Angst habe, dann nachts nicht mehr schlafen zu können.
Endlich erscheint jemand vom Pflegepersonal, und erklärt mir, dass diese Müdigkeit im Zusammenhang mit
meiner Chemotherapie steht und völlig natürlich sei.
Auch Konzentrationsschwäche, Antriebslosigkeit, Ver-
gesslichkeit gehören dazu - und das könne sich noch
eine Weile hinziehen, bis es sich bessert. Ich bin sehr er-
leichtert, dies zu hören. So bin ich also doch nicht einfach
doof, weil ich alles vergesse und mir zur Sicherheit alles
aufschreibe.
Ich hoffe aber doch stark, dass es auch wieder vorüber-
geht.

Wie wäscht man Haarstoppeln?

8. Februar

Heute Morgen möchte ich mir wieder einmal die Haare waschen. Das tönt jetzt seltsam. Aber wie sagt man einem Kopf mit kleinen übriggebliebenen Haarstoppeln? Meine Kopfhaut (und die Stoppeln) sind ganz fettig von der Crème gegen meinen Ausschlag.
Aber schon am frühen Morgen habe ich ein Problem: Wie behandle ich den Kopf nun? Gilt das noch als Haare und braucht ein Shampoo (gegen Haarausfall oder doch besser gegen fettiges Haar?) oder gilt das als Haut und wird mit Duschmittel eingeseift?
Da stehe ich unter der Dusche und studiere bis ich merke, dass ich gar kein Shampoo mitgenommen habe - also ist die Entscheidung gefallen.
Es würde mich reizen, nach meiner Rückkehr nach Hause in eine Drogerie zu gehen, nach einem guten Shampoo gegen Haarausfall zu fragen und dabei meine Mütze zu hochzuheben ... Mal schauen, was sie sagen würden ...

Auf solch dumme Ideen komme ich sicher nur, weil ich ständig müde bin. Zu diesem Thema wird mir sogar eine Broschüre ausgehändigt , und gleich eine Diagnose gestellt: ich leide unter dem Fatiguesyndrom.
Natürlich muss ich gleich googeln, was das heisst, und ich bin auf folgende Erklärung gestossen:

„... Überwiegend wird von einer multifaktoriellen Genese ausgegangen, an der bei Krebskranken auch psychologische Faktoren, Blutbildveränderungen *und Ernährungseinflüsse beteiligt sind. Bei ihnen wird die Fatigue durch*

die Erkrankung selbst oder im Zusammenhang mit einer Chemotherapie oder Bestrahlung ausgelöst. *Sie hält meist Wochen bis Monate über den Behandlungszeitraum hinaus an und beeinträchtigt die Lebensqualität oft erheblich. Typische Merkmale sind eine anhaltende Schwäche und Abgeschlagenheit trotz ausreichender Schlafphasen, eine Überforderung bereits bei geringen Belastungen und eine deutliche Aktivitätsabnahme im privaten und beruflichen Umfeld."*

Das kann heissen, dass ich noch lange unter diesem Syndrom leiden kann. Aber ob ich überhaupt zu Hause Zeit dafür finde, müde und abgeschlagen zu sein?
An diesem Tag gönne ich mir ausnahmsweise ein kleines Mittagsschläfchen.

Badeferien
9. Februar

Meine Verdauung spielt seit 2 Tagen verrückt. Zusammen mit meinem Widerstand gegen Essen nehme ich schneller ab denn je. Bald habe ich meine Idealmasse wieder erreicht, die ich vor 30 Jahren hatte.
Das würde mich befähigen, einen Bikini zu tragen.
Die Voraussetzungen für Badeferien in der Südsee wären ideal: Bikinifigur, ganzkörperenthaart und Zeit in Überfluss. Nur weiss ich leider immer noch nicht, wie ich den Infusionsständer mit der Flüssigkeit durch die Zollkontrolle am Flughafen bringe.

Heute hat mir der Professor (er ist immer noch sehr zufrieden) eröffnet, dass all meine Leiden völlig normal seien, da diese Chemo dreimal (!) stärker war als beim letzten Mal. Ich soll mich doch hinlegen, dösen und mich erholen. Er schielt dabei auf meinen Platz am Fenster, auf dem der Laptop steht, eine angefangene Strickarbeit liegt und massenhaft Lesestoff aufgestapelt ist.
Man kann es auch niemandem recht machen. Die einen befehlen: „Raus aus dem Bett es wird nachts geschlafen" und jetzt sagt er: „Rein ins Bett und ausruhen."

Aufregung für Professor Murge
10. Februar

Sobald meine Blutwerte tief gesunken sind und die An-
steckungsgefahr durch fremde Bakterien und Viren
steigt, komme ich in Quarantäne.
Deshalb wird heute im Zimmer einiges umgestellt. Im Badezimmer wird sogar der Duschvorhang abmontiert. So
komme ich mir jeden Morgen beim Duschen vor wie auf
einem Campingplatz, wo mit dem Duschstrahl gleich
noch die Toilette und das Waschbecken nassgespritzt
werden. Aber langsam habe ich Übung im gezielten Duschen.
Die Schnittblumen müssen verschwinden, dafür kommt
eine eigene private Waage ins Zimmer, die von niemand
anderem gebraucht wird.

Jeder Besucher muss seine Taschen vor der Türe lassen,
muss die Hände desinfizieren und einen Schutzmantel
anziehen.
Der Darm macht mir immer noch Probleme und so werde ich auf magenschonende Diät gesetzt.
Dazu ist mein Körper rot gepunktet. Hämatome nennt
sich das, belehrt mich mein Professor. Nun fallen mir auch
noch die Wimpern aus. Der Blick in den Spiegel erschreckt mich jedes Mal:
Ein dünnes, kahles und hohläugiges Wesen blickt mir
entgegen.

Im Moment werde ich immer wieder mit weissen und
roten Blutkonserven aufgefüllt. Da meine Blutgruppe AB
nicht sehr häufig ist, und der Vorrat an diesen Blutkonser-

ven nicht gross ist, musste das Blutspendezentrum heute AB- Spender kontaktieren, die für mich frisch spenden.

Gegen Abend steht plötzlich ein sehr empörter Professor in meinem Zimmer. Über eine Stunde hat er nach Blut für mich gesucht.
Da es aber später Freitagabend ist, konnte das Blutspendezentrum leider nicht mehr aushelfen mit AB Blutplättchen. Bis Montag ist der Laden geschlossen. Wer etwas will, soll sich dann wieder melden. Da mein Professor sehr hartnäckig ist, und sich persönlich für das Wohl seiner Patienten einsetzt, störte er den Chef des Zentrums zum zweiten Mal in den Skiferien - diesmal auf der Langlaufloipe. Er machte ihm klar, dass er (der Chef des Blutspendezentrums) persönlich die Verantwortung übernehmen müsse, falls mir infolge fehlender Blutinfusion übers Wochenende etwas geschieht.

Natürlich will diese Verantwortung niemand tragen. Daraufhin gelingt es ihm, einen regelmässig blutspendenden Arzt aufzubieten, der sich bereit erklärt, sich sofort Blut abzapfen zu lassen.
Das nächste Problem folgt jedoch sogleich: Das Blut muss nach jeder Spende zwingend analysiert werden, ob es zB nicht HIV positiv ist. Dies kann jedoch erst innert drei Tagen nachgewiesen werden

Falls das Blut von mir jedoch vor Montag gebraucht wird, muss ich entweder darauf verzichten oder einverstanden sein, dass es mir ohne Prüfung verabreicht werden darf. Nun vertraue ich also einem mir unbekannten Arzt, dass er seit der letzten Spende sauber gelebt hat, oder sich seiner Verantwortung so bewusst ist, dass er sich nicht spontan zur Verfügung gestellt hätte.

Bei 20 übereinstimmenden Spendern im Umkreis Zürich ist das sicher die beste und schnellste Lösung für mich.

Da das Schweizerische Rote Kreuz das alleinige Monopol über die Blutspenden hat, gibt es auch keine kleinen Institute mit 24 Stunden - Service. Ist das nicht unglaublich?

Da sieht es anders aus mit meinen Thrombozyten. Die kommen heute Nacht direkt aus Halle (Deutschland) hierher geliefert!

Wieviel Kosten ich meiner Krankenkasse wohl damit verursache?

Scherenschnitt
13. Februar

Ich habe in den letzten Tagen an einem Scherenschnitt
gearbeitet, der heute fertig wurde. Wer ihn vom Pflegepersonal gesehen hat, ist erschrocken und macht sich
Sorgen um meine Gemütslage.
Ich bin aber nicht depressiv, habe auch nicht Angst vor
dem Tod, der da über mir sitzt.
Zu den Figuren: Der Pfleger beim Infusionsständer, der
Besuch mit Geschenken (eine neue Mütze) und ich mit
einer Kappe über dem haarlosen Haupt im Bett.
Dazu musste der Tod auf das Bild. Erst habe ich ihn unter
dem Bett gezeichnet, mit seiner Knochenhand berührte
er mich.
Dann, bei der zweiten Betrachtung war mir der Tod doch
zu nah, die Hand an meinem Körper hatte zu wenig Dis-
tanz zu mir. Er darf mich noch nicht berühren.
So verbannte ich den Tod mit seiner Sense auf den Rand
des Passepartouts. Er sitzt somit nicht in der allgemeinen
Szene, sondern ausserhalb.
Die Zeit zum Sterben ist noch nicht gekommen- noch
lange nicht. Der Tod kann nur grimmig schauen und hat
keine Chance.
Unter dem Bett die Mäuse. Das soll keinen Hinweis auf
mangelnde Hygiene in der Klinik sein.
Vielleicht symbolisieren sie, wie viele Mäuse (Geld) die
Behandlung kostet?
Vielleicht sind sie Symbole für die vielen Labormäuse, die
ihr Leben im Namen der Medizin opfern mussten?
Vielleicht sehe ich während der Behandlung weisse Mäu-
se?

Der Tod muss warten

Ich sehne mich nach meinem Leben
17. Februar

Zuerst einige trockene Infos:
Über Nacht wurden die geprüften Thrombozyten aus
Deutschland geliefert und mir per Infusion verabreicht. So
konnte ich heute auf die ungeprüfte Spende des Zürcher
Arztes vorläufig verzichten.
Auf Montag sind schon 5 Spender aufgeboten worden,
die mit mir übereinstimmen. Das sollte doch reichen, bis
ich nach Hause kann, oder?

Die deutschen Blutgaben lassen meine Blutwerte in die
Höhe schnellen, aber auch wieder etwas sinken.
So geht es auf und ab. Langsam habe ich genug von
diesem hin und her. Ich möchte endlich nach Hause und
duschen ohne den ganzen Infusionsständer im Anhang,
mehr als ein Zimmer zur Verfügung haben, nach draussen gehen, ins Kino gehen, frieren im Schnee, mich nicht
nur in Jogginghosen und Schlabber T-Shirts kleiden, ein
Glas Wein trinken, Scherenschnitte machen, meine Steuererklärung ausfüllen, spontan etwas unternehmen.
Ja, die Liste wird immer länger und anspruchsvoller. Ich
möchte einfach wieder normal leben.
Ich vermisse mein früheres Leben!

Gölä und ich
19. Februar

„Ich hätt no viu blöder ta
Hätt nüt a mir verbi gah lah
Weni denn scho gwüsst hätt gha
das i die Zyt nöd für immer ha …"

Dieser Refrain von Göläs Lied läuft mir schon lange nach
und lässt mich nicht mehr los.
Wenn ich gewusst hätte, dass ich krank werde, dann
hätte ich vorher noch …
Ja, was hätte ich dann? Bei ihm heisst es, er hätte „blöder ta". Und bei mir? Und was hätte ich nicht an mir vorbei gehen lassen?
Wäre ich in gewissen Situationen mutiger gewesen, auf-
müpfiger, weniger angepasst? Hätte Dinge gemacht, für
die ich mich bisher geniert hätte, bei denen ich aufgefallen wäre, die „man" nicht macht?
Ich habe viel geleistet und viel gewagt, viel unternommen und viel erlebt in den letzten Jahrzehnten.

Trotzdem habe ich nun vielleicht die Chance, mein bis-
heriges Leben nochmals zu überdenken, ohne wieder in
einen langweiligen Gewohnheitstrott zu fallen.
In meiner Agenda 2013 habe ich sämtliche Abmachun-
gen und Verpflichtungen ausradiert. Eine neue, leere
Agenda liegt vor mir. Bald ist 1/6 des Jahres vorüber,
 ohne dass ein Eintrag notiert ist.
Nun kommt die einmalige Gelegenheit, das laufende
Jahr neu zu überdenken. Das wird Auswirkungen auf
kommende Jahre haben.

Ich kann bei den meisten bisherigen Verpflichtungen überlegen, ob ich ihnen auch weiterhin nachgehen will. Wo will ich meine Kräfte einsetzen, wo mit Rat und Tat zur Seite stehen, wie meine Freizeit gestalten?
Die erzwungene Schaffenspause birgt eine unerwartete Chance für mich.

Ich weiss nicht, ob ich später „blöder tue" oder „nüt a mir verbi gah lah", wie in Göläs Lied.
Aber ich merke immer mehr, dass sich hinter meiner Erkrankung immer wieder positive Aspekte und Chancen verstecken, auch wenn sie manchmal kaum sichtbar sind.

Stammzelltransplantation
20. Februar

Die Tage sind lang. Ich warte ungeduldig bis meine Blutwerte steigen.

Nein, ich darf nicht klagen, denn bis jetzt überstand ich alle Nebenwirkungen ziemlich gut. Am meisten stört es mich, dass mein Geschmackssinn durcheinander geraten ist. Ausser Kartoffeln gibt es beinahe nichts, das beim Essen so schmeckt, wie ich es in Erinnerung habe.

Gestern gab es zum Dessert ein feines Glacé. Ich als bekennende Glacéfeinschmeckerin fand es ranzig und musste tatsächlich kontrollieren, ob wohl das Ablaufdatum überschritten ist. Heute bestellte ich mir eine andere Sorte, mit demselben Ergebnis:
Die beiden Glacésorten sind fade, haben wenig Geschmack und ich käme nie darauf, was ich esse.
So geht es mir mit den meisten Gerichten. Zum Glück isst das Auge mit, sodass ich mir jeweils einbilden kann, dass ich das esse, was ich sehe. Aber bei einem Blindtest hätte ich keine Ahnung, ob es aufgeweichter Karton, Fenchel, knusprig gebratene Heuschrecken oder ein süsses Blätterteiggebäck ist, das ich da vorgesetzt bekomme.

Ich hoffe ganz fest, dass ich vielleicht schon Ende nächster Woche nach Hause kann. Diese „Heimphasen" sind nötig, damit sich mein Körper genügend von der einen bis zur anderen Chemo erholen kann. Natürlich soll er auch für die Psyche eine Abwechslung und Erholung vom immer gleichen Spitalalltag bieten.

Der Professor hat beschlossen, dass es für meine vollstän-
dige Genesung sicherer ist, wenn ich mich einer Stammzellentransplantation unterziehen würde.
Deshalb findet der nächste Behandlungszyklus im Unispital statt. Nur dort werden in der Ostschweiz Stammzellen-
transplantationen durchgeführt. Was mich dort erwartet,
weiss ich noch nicht - will es noch nicht wissen. Ich gehe
Schritt für Schritt, alles andere würde mich überfordern.

Ich habe vom Professor erfahren, was dieser 3. Zyklus
beinhaltet und kostet: internationale Stammzellensuche,
Spitalaufenthalt, inkl Behandlung und Medikamente sowie alle Nachkontrollen nach Spitalaustritt bis Tag 100
nach der Transplantation. Es sind dies sage und schreibe
310`000 Fr.
Nicht eingerechnet ist, was meine Behandlung bisher
gekostet hat.
Ich bin völlig schockiert! Dieses Wissen hat bei mir einige
Gedanken ausgelöst: Was für ein Glück, dass ich in der
Schweiz lebe, wo ein Menschenleben so viel Wert ist und
wo die Gesundheitsversorgung einen hohen Stellenwert
hat.

Raus aus dem Zimmer
21. Februar

Meine Blutwerte sind soweit gestiegen, dass meine Isolation aufgehoben wird. Ich bin doch etwas überrumpelt, habe aber zur Feier des Tages gleich meinen Infusionsständer geschnappt und mit ihm zwei Runden auf dem Korridor gedreht.

Zwei Wochen lang habe ich das Zimmer nicht verlassen dürfen. Zu Hause war ich es gewohnt, dass ich gehen kann wohin ich will. Manchmal wird es sogar zur Last, das Haus zu verlassen, besonders bei Schlechtwetter.

Es ist kaum vorstellbar, wie sehr ich mir gewünscht habe, endlich wieder aus dem Zimmer zu kommen. Manchmal hörte ich Lärm oder Lachen aus dem Korridor, war aber gleichzeitig völlig ausgeschlossen vom Leben ausserhalb meines Zimmers.

Heute komme ich mir vor wie eine Kuh, die endlich aus dem Stall gelassen wird. Ich habe schon oft beobachtet, wie diese im Frühling völlig unkontrolliert über die Wiese galoppieren.

Galoppiert bin ich natürlich nicht, sondern zielstrebig zu einem anderen Zimmer geeilt.

Gestern ist nämlich Rosa wieder eingetreten.

Sie musste seit ihrer letzten Entlassung nur noch ambulant für die Chemo gegen ihren Lungenkrebs ins Spital kommen. Plötzlich hatte sich ihr Zustand verschlechtert, und nun ist sie zur weiteren Behandlung wieder da. Wir hatten während meiner Isolation jeden Tag kurz miteinander telefoniert.

Als sie zu Hause war, tönte ihre Stimme plötzlich kraftvoller und ich spürte, dass es ihr auch psychisch wieder besser ging.

Nun ist sie noch verzagter und mutloser als beim letzten Mal. Ihre Heilungschancen stehen nicht gut. Das erinnert mich natürlich daran, dass auch ich noch lange nicht über den Berg bin. Aber aus irgend einem Grund empfinde ich mein körperliches und psychisches Leiden trotz aller Nebenwirkungen als erträglich. Die Angst, dass sich das bei der 3. Behandlung ändern könnte, sitzt mir aber natürlich schon im Nacken, und wird wieder lebendig, wenn ich meine leidende Freundin sehe.

Kein Mensch kann doch so viel Glück haben wie ich, dass auch eine 3. Behandlung gut geht?

Für Rosa kann ich nicht viel machen. Ich werde sie jetzt, wo ich wieder zu Fuss unterwegs bin, besuchen und später mit Telefonanrufen moralisch unterstützen.

Der letzte Tag
22. Februar

Nun ist er da:
Der letzte Tag in der Klinik! Der Professor war hier und hat
mir bestätigt, dass ich morgen nach Hause kann. Da
meine Blutwerte zum Teil noch etwas an der unteren
Grenze sind, werde ich heute und morgen nochmals
aufgefüllt.
Von wie vielen verschiedenen Spendern habe ich schon
Blut erhalten? Etliche! Und ich bin ihnen allen sehr dankbar.

Für mindestens einen Monat geht es nach Hause. Natürlich nicht ohne Kontrollen zwischendurch. Aber in erster
Linie soll ich mich von allen Strapazen, denen mein Körper ausgesetzt war, erholen. Zudem muss ich mir überlegen, ob ich mich für eine Stammzellen Transplantation
entscheide.
Das würde heissen, dass ich im Universitätsspital abermals
einer Chemotherapie unterzogen würde. Anschliessend
würden mir die gesunden Stammzellen eines anonymen
Spenders übertragen.
Das hätte zur Folge, dass ich die Blutgruppe des Spenders annähme und dass sich auch sonst vieles verändern
würde in meinen Zellen. Zuviel will ich darüber noch gar
nicht wissen. Schritt für Schritt werde ich alles erfahren.

Ich habe schon begonnen, mich von der Frühdienst-
Schicht in der Klinik zu verabschieden. Nach insgesamt 7
Wochen kennen wir uns wirklich gut.

Gestern Abend hat mich eine Angestellte sogar noch geschminkt, damit ich etwas farbiger durchs Leben gehe. Danach hat sie mich allen Angestellten vorgeführt mit den Worten: „Ist sie nicht eine hübsche Frau?" Natürlich waren alle gezwungen, begeistert zu nicken.
Ich hoffe natürlich, dass alle, die mir nach dem Krankenhausaufenthalt begegnen, genau so begeistert zurufen „Bist du eine hübsche Frau"!..

Bevor ich heimreise mache ich einen Besuch bei Rosa. Auch wenn sie es mir gönnt, ist sie traurig, dass ich heute schon entlassen werde, denn so bleibt sie wieder alleine zurück. Wir haben uns mittlerweile schon gut kennen gelernt und waren uns gegenseitig eine Stütze im immer gleichen Klinikalltag. Wir schimpfen, blödeln und philosophieren ein letztes Mal, bevor ich zurück in mein Zimmer muss.

Der Abschied von Rosa fällt mir schwer. Sie sitzt einsam in ihrem Zimmer und man merkt ihr an, wie schwer es ihr fällt, dass ich nach Hause kann.
Wir haben uns versprochen, wie bisher täglich miteinander zu telefonieren.
Der Professor entlässt mich ohne Auflagen in die Freiheit. Ich darf machen, was ich will und mag. Muss jedoch bis zum Eintritt ins Uni Spital regelmässig zu ihm zur Kontrolle.

Teil 3

Warten auf den Spender
6. März

Schon seit 10 Tagen bin ich wieder zu Hause. Ich merke immer noch, dass mich lange Gespräche anstrengen und dass ich im Allgemeinen schneller müde bin.
Mein 56. Geburtstag geht vorbei und ich habe das Gefühl in einem einzigen Jahr zu einer alten, lädierten, haarlosen Frau mutiert zu sein.
Als ich aus der Klinik kam, war alles so vertraut, aber trotzdem neu. Ich hatte wieder alle Freiheiten. Meine Schwester aus Dänemark war da und machte mir den Haushalt. Ich fuhr wieder Velo, war mit dem Auto unterwegs und genoss lange Spaziergänge in Wildhaus in den Bergen.

Die Tage waren ausgefüllt und ich fühlte mich fit und stark. Auch die Blutkontrolle nach einer Woche in Zürich zeigte nur gute Werte.
Trotzdem merke ich, dass ich seit Dezember (mit kurzem Heimaufenthalt) in einer überschaubaren Klinikwelt gelebt habe. Dort war immer wieder jemand im Zimmer, das Essen wurde fertig angerichtet gebracht und es gab nur ein Ziel: möglichst schnell alles überstehen und gesund werden.
Und jetzt?

Jetzt sitze ich zu Hause, hätte unendlich viel Zeit um all meinen Hobbies und versprochenen Besuchen nachzugehen, schaffe es aber kaum, weil ich immer wieder zu müde bin oder keinen Antrieb dazu habe.

Im Gegensatz zur Klinik kommt hier jedoch nicht ständig jemand herein und fragt nach meinem Befinden, bringt Tee oder plaudert etwas.

Auch das sonst schon eher mühsame Kochen ist für mich nicht einfacher geworden, da viele Getränke und Speisen immer noch ungewohnt fade oder muffelig schmecken. So macht Essen auch wenig Spass.

Ja, dabei habe ich mich so gefreut auf zu Hause. Dazu habe ich das Gefühl, dass wohl die ganze Familie von mir erwartet, dass ich funktioniere.

Ich war immer die Starke, die Strukturierte. Diejenige, die Übersicht über alles hat. Gerne würde ich Verantwortung abgeben. Aber wem?

Der Alltag geht weiter. Meine beiden jüngsten Töchter stehen vor wichtigen Abschlussprüfungen - da mag es eine kranke Mutter nicht leiden.

Da gibt es noch den Vater der beiden. Mein von mir getrennt lebender Mann.

Wir hatten uns vor über 2 Jahren getrennt, aber trotzdem oft gesehen. Das tägliche Zusammenleben schien uns aus verschiedenen Gründen nicht mehr möglich. Im Spital war er oft zu Besuch und hatte mir den Alltag in die Krankenstube gebracht. Ich rechne ihm hoch an, was er in dieser Zeit für mich getan hat, obwohl er sich dazu nicht unbedingt hätte verpflichtet fühlen müssen.

Schwierig war es jedoch für mich, als er mir jetzt eröffnete, dass er sich schon länger einsam gefühlt hatte und sich eine neue Partnerin suchen wolle.

Auch wenn es weh tut, kann ich ihm das nicht verübeln. Trotzdem schmerzt es, denn gerade in dieser Zeit hätte ich selber auch jemanden gebraucht, der mich schon lange kennt, mich in den Arm nimmt und mir Mut zuspricht.

Ski heil
15. März

2 Wochen nach dem Spitalaustritt erfülle ich mir einen
grossen Wunsch:
Ich möchte unbedingt auch diese Saison auf den Skiern
stehen.
Trotz bedecktem Wetter wage ich mich zusammen mit
meiner Tochter auf die Piste. Ich habe mir fest vorgenommen, mindestens 2 Abfahrten zu machen. Dann wäre ich zufrieden und glücklich und könnte die Skisaison
abhaken.

Der Schnee ist frühlingshaft sulzig und dementsprechend
vorsichtig meine ersten beiden Abfahrten. Nur jetzt kein
Bein brechen!
Doch dann packt mich das alte Skifahrfieber. Meine
Tochter kann mich sogar dazu überreden, mit ihr zweimal
die schwarze Piste hinunter zu kurven.
Als am Tag darauf dann die Sonne scheint, gibt es kein
Halten mehr. Es ist einfach herrlich, in der Sonne und der
frischen Luft die beinahe leere Piste unsicher zu machen.
Noch nie habe ich das Skifahren so genossen!

Doch immer wieder hänge ich den Gedanken nach, die
mich verfolgen: In 2 Tagen bin ich zu einem Gespräch in
das Universitätsspital Zürich eingeladen, wo ich genauere
Informationen zur Stammzelltransplantation erhalten
werde.
Mir geht es so gut. Ich geniesse die Sonne und den
Schnee, fühle mich wieder frei und unbeschwert - und
trotzdem muss ich mich bald entscheiden.

Schwere Entscheidung
17. März

Nächste Woche stehe ich vor einer Entscheidung, die nur ich alleine treffen kann, die mir niemand abnehmen kann.
Heute bin ich zu einem Gespräch in die Uni- Klinik gefahren.
Dort erklärte mir der leitende Arzt, was mich bei einer Stammzellentransplantation erwartet:
Nach einer weiteren Chemotherapie würden mir neue Stammzellen eines passenden Spenders verabreicht. Wie bei allen Transplantationen wäre die Abstossungsgefahr sehr gross, sodass weitere Mittel verabreicht werden müssten, um das zu verhindern. Diese könnten immense Nebenwirkungen hervorrufen. Auch lebenslange Nebenwirkungen seien möglich. Auch gäbe es ein erhöhtes Sterberisiko während der Behandlung.
Der Spitalaufenthalt in der Isolation würde zwischen 5-8 Wochen dauern. Daraufhin dürfte ich nach Hause. Während 100 Tagen ab Transplantation dürfte ich weder einkaufen noch mit Menschenansammlungen in Kontakt kommen, hätte Einschränkungen beim Essen und müsste die Sonne meiden. Oft würde das mit grosser Müdigkeit und Konzentrationsstörungen einhergehen.
Falls ich mich dieser belastenden Prozedur unterziehe, besteht für mich eine Chance von 60-80%, dass ich wieder vollkommen leukämiefrei weiterleben kann.
Das Dumme ist, dass niemand mit Sicherheit sagen kann, ob ich nicht jetzt schon von der Leukämie geheilt bin. Die Anzahl der evt. überlebenden Leukämiezellen könnte

nämlich so minim sein, dass man sie nun nicht mehr nachweisen kann.

Möglicherweise bin ich bereits leukämiefrei und würde somit zu den 30-40% Glücklichen gehören, die keine Transplantation benötigen. Nur kann mir das niemand absolut versichern.

Deshalb stehe ich nun vor der riesigen Entscheidung: Soll ich mich mit 30-40% Überlebenschance zufriedengeben und ohne weiteren Spitalaufenthalt hoffen, dass ich zu den Glücklichen gehöre?

Soll ich mich dem langen und beschwerlichen Spitalaufenthalt mit Transplantation unterziehen und damit meine Überlebenschancen verdoppeln?

Entschieden!
22.März

Ich bin ein Mensch mit einigen speziellen Eigenschaften.
Unter anderem:
Ich bin ungeduldig.
Ich kann mich schwer entscheiden, und sobald ich mich
entschieden habe, bin ich überzeugt, dass die andere
Wahl sicher besser gewesen wäre
-ch bin kein risikofreudiger Mensch

Ja, und das alles machte mir das Leben in den letzten
Tagen nicht gerade leicht!
Die Gedanken kreisen in meinem Kopf, ich versuche Für
und Wider abzuwägen und schiebe die Entscheidung
immer noch einen weiteren Tag hinaus.
Mein Mann, der mir bis jetzt zur Seite gestanden ist, will
mir zu nichts raten und verreist am nächsten Tag ganz
unerwartet in die Ferien. Ich fühle mich plötzlich noch
einsamer.

Ich suche nochmals das Gespräch mit „meinem" Professor in Zürich, der mir ganz geduldig alle Risiken und Nebenwirkungen wiederholt.
Nach einer kurzen Bedenkzeit entschliesse ich mich, in
eine Stammzellentransplantation einzuwilligen. Aber
schon nagen Zweifel an mir, ob das die richtige Entscheidung ist. Mich tröstet jedoch sehr, dass mein Professor mir versichert, dass ich meinen Entschluss jederzeit
widerrufen könne.

Da ich aber kein risikofreudiger Mensch bin und zudem die Tochter eines Mathematikers, hat mich die Statistik der Überlebenschancen sehr beeinflusst. 60-80% Chance gegenüber 30-40% sind einfach mehr. Das ist sogar mir klar.

Die vielen Nebenwirkungen kenne ich, sie machen mir weiterhin Angst.

Aber am meisten Angst macht mir meine grosse Ungeduld. Wie schaffe ich es, so viele Wochen isoliert in einem Zimmerchen zu verbringen? Schon die 3 ½ Wochen in der Klinik brachten mich an den Rand meiner Geduld. Aber erst 5-8 Wochen?

Und dann geht die Isolation zu Hause weiter. Irgendwann werde ich alle Bücher gelesen, alle Mails beantwortet, alle Scherenschnitte gemacht und alle Filme der letzten Jahre gesehen haben.

Und schon wird meine Geduld auf eine Probe gestellt: Von nun an muss ich warten, bis ein geeigneter Spender gefunden sein wird. Irgendwo auf der Welt muss es doch einen Menschen geben, der zu mir passt!

Für die Mediziner hat nun die Suche nach der sprichwörtlichen Nadel im Heuhaufen begonnen. Ich hoffe natürlich, dass sich bald jemand findet, bevor ein Infekt alles erschwert.

Richtige Ernährung
25. März

Niemand weiss, wie lange es dauert, bis ein geeigneter Stammzellenspender gefunden wird. Während der Wartezeit sollte ich möglichst gesund bleiben.
Immer wieder versuche ich herauszufinden, womit ich meine Chancen, nochmals zu erkranken, minimieren könnte.
Durch verschiedene Hinweise stosse ich auf die Zusammenhänge von Ernährung und Krebserkrankungen.
Die Ahnung, dass ich durch lebenslange Falschernährung meinen Körper und meine Abwehrkräfte geschwächt habe, bedrückt mich sehr.
Aber spreche ich Mediziner darauf an, so reagieren sie meist mit: Essen sie, was ihnen Spass macht. Ernährung hat wenig Einfluss.

Ein bekannter Sportler rät mir, mich möglichst von naturbelassenen Nahrungsmitteln zu ernähren. Vor allem Knollen, Wurzeln, Kräuter, Algen.
In Büchern lese ich, wie schlecht sich Zucker und Kohlenhydrate auswirken.
Oder sind es Gluten, die am meisten schaden?
Ich werde ganz konfus. Habe jeden Tag Angst, etwas falsches zu essen, was mir schadet. Das schlechte Gewissen verfolgt mich bei jeder Mahlzeit.
Salat, Früchte, Gemüse und Nüsse scheinen mir am unproblematischsten.
Auch in den nächsten Wochen rede ich mir ein, dass dies der beste Weg ist. Schwierig wird es mit meinen Töchtern, die nicht verstehen können, was die ungewohnten Mahl-

zeiten auf dem Tisch bedeuten. Immer wieder fordern sie mich zum Essen auf, werden wütend, weil ich nicht „richtig" esse. Es kommt zu Konflikten. Vielleicht machen sie sich aber Sorgen um ihre sonst schon schlanke Mutter und sie wollen mir deshalb manchmal das Essen aufzwingen?

Ich bin ein Glückspilz!
27. März

Schon seit einiger Zeit sehne ich mich wieder zurück aufs
Land. Nach über 20 Jahren in derselben Wohngemeinde
war ich vor etwas mehr als 2 Jahren zusammen mit meiner jüngsten Tochter in die nächstliegende Stadt gezogen. Die Anonymität in diesem Stadtquartier und die
Distanz zu „meinem" Dorf haben mich in letzter Zeit aber
mehr und mehr beschäftigt.
Wie würde es mir in dieser Stadtwohnung ergehen, wenn
ich nach dem Krankenhausaufenthalt isoliert würde leben müssen?
Jede Besorgung, jeder Besuch müsste vorher abgemacht werden. Wenn ich dann endlich wieder etwas an
der frischen Luft werde spazieren gehen dürfte, würde
ich hier keinem bekannten Gesicht begegnen.
So kam ich zum Schluss, dass es für mein Wohlbefinden
besser wäre, wenn ich wieder in „mein" Dorf zurückzöge.
Dort fühle ich mich geborgen, kenne viele Leute, fühle
mich nicht einsam.

Durch eine Verknüpfung von glücklichen Zufällen habe
ich kurzfristig eine hübsche Wohnung in meiner alten
Wohngemeinde gefunden.
So werde ich bereits ab dem 1. Juni eine neue Bleibe
haben und dennoch bis zum 1. Juli meine Stadtwohnung
behalten können
Einen Monat lang Zeit zum Umziehen, nur weiss ich noch
immer nicht, wann ich ins Spital muss.
Doch wann ergibt sich wieder eine so gute Gelegenheit
„heim" zu ziehen? Und ab wann hätte ich nach der

Transplantation wieder die Kraft, einen Umzug in Betracht zu ziehen? Bis dann wären einige einsame Monate vergangen.

Meine Bedenken lösen sich schnell in Luft auf. Ich nehme die Wohnung und freue ich mich riesig auf mein „Heimkommen".

Ich finde bestimmt ganz viele spontane Helferinnen, die meine Unterhosen und Bücher in Kartons verpacken, sollte ich schon bald ins Spital müssen.

Und für die grossen Möbel und die Schlussreinigung gibt es professionelle Betriebe.

So freue ich mich einfach auf den Neuanfang: Neues Blut, neue Haare, neue Wohnung.

Was will ich noch mehr?

Vielleicht heisse ich Frederick?
2. April

Am Ostermontag stand ich zum Saisonschluss nochmals
auf den Skiern. Es war ein Tag, wie aus dem Bilderbuch.
Sonne, tolle Piste und nicht viele Leute.
Ich genoss jede Abfahrt enorm. So habe ich den Winter
doch noch zurück erhalten. Nun kann es Sommer werden, den werde ich ziemlich sicher auch verpassen.
Noch immer weiss ich nicht, wann ich ins Spital einrücken
muss.
Ich weiss nur, dass ich einen Monat vorher Bescheid bekomme.
So lebe ich in einem ständigen Countdown. Jeden Tag
denke ich das gleiche: Noch 30 Tage. Es ist oft ein be-
klemmendes Gefühl, mit dieser tickenden Uhr im Hintergrund zu leben.
Ich lebe ganz bewusst im Hier und Jetzt.
Wieviel darf ich noch erwarten vom Leben? Langfristig zu
planen, scheint mir verwegen. Ist es anmassend, wenn
ich die Ostersachen einpacke und hoffe, dass ich sie im
nächsten Jahr selbst wieder auspacken werde?
Ist es verwegen, wenn ich mir vorstelle, wie ich in der
nächsten Wintersaison ein Skiabo kaufen werde?
Ist es verwegen, überhaupt etwas zu planen?
Wie weit hinaus darf und soll ich mein Leben planen?
Ich weiss nicht, wann ich wieder so fit und aktiv sein werde wie jetzt.
So versuche ich die Tage mit erfreulichen Begegnungen,
schönen Momenten und lustigen Augenblicken zu füllen.
Es gibt keine sinnlosen, langweiligen Tage mehr. Wie ver-
geudet wäre die kostbare Zeit!

Natürlich sind da all die täglichen lästigen Haushalts-
pflichten. Oder die ungeliebte Steuererklärung. Oder die
Rechnungen, die bezahlt werden müssen. Aber
daneben habe ich zum erstenmal im Leben viel Zeit. Zeit
für andere, Zeit für mich.

Da die Zeit jedoch so kostbar ist, stopfe ich die Tage voll
mit allem, was ich vor- und nachholen will, bevor ich
wieder ins Spital eintreten muss.
Die Zeit wird nicht reichen, alles zu unternehmen, was ich
noch wollte, bevor die nächste Chemo mir alle Kraft aus
den Adern spülen wird.
Kann ich auf Vorrat Erlebnisse sammeln, Düfte speichern,
Lachen einfangen, Stimmungen aufnehmen, um sie in
meinen isolierten Zeiten im Spitalbett wieder abzurufen?
Wer das Bilderbuch der kleinen Maus „Frederick" von Leo
Lionni kennt, weiss wovon ich spreche:
Während alle Mäuse Wintervorräte sammeln, sitzt Frederick auf einem Stein und hilft nicht mit. Die Mäuse fragen ihn immer wieder, wieso er nicht mitarbeitet und nur
faul dasitzt. Er antwortet ihnen, dass er die Farben sammelt, dass er Wörter und Sonnenstrahlen sammelt. Sie
finden ihn sehr seltsam und sehr faul. Als dann die Mäu-
seschar im Winter vor ihren Vorräten sitzt und auf den
Frühling hofft, der sie wieder an die Erdoberfläche lockt,
verkürzt Frederick ihnen die Zeit, indem er ihnen Ge-
schichten erzählt von Farben, Gerüchen und Bildern, die
er in sich gespeichert hatte, während sie die Vorräte ge-
sammelt hatten. Vielleicht bin ich ein Frederick, der ganz
viele Erlebnisse speichern muss, um davon in trostlosen
Zeiten zu zehren?

Positiver Stress
8. April

Einen Teil meiner vielen freien Zeit wollte ich mit meinen 4 Kindern verbringen. Ich wollte ihnen das kostbarste Gut, nämlich „Zeit" schenken.
Ich hatte jedem 2 Tage zur Verfügung gestellt, die sie planen konnten, wie es ihnen gefiel, ohne dass ich auf ihre Entscheidung Einfluss nehmen würde. Ich war gespannt, was dabei herauskommt. Nun wird mein April mit neuen Erfahrungen und Erlebnissen bereichert werden.

Schon übermorgen geht es los mit dem Wunsch meiner ältesten Tochter: Sie hat sich gewünscht, dass wir zwei Tage im Europapark verbringen und die Nacht stilvoll in einer Burg in einem Ritterzimmer übernachten. Ob da ein lang gehegter Kindheitstraum von ihr zum Vorschein kommt?
Ich bin auf jeden Fall froh, dass meine Perücke als achterbahnsicher angepriesen wird. Ich werde sie wohl zusätzlich noch festbinden, damit mir nicht plötzlich die Haare davonfliegen.

Als nächstes werde ich mich einige Tage bei meiner Schwester in Dänemark erholen mit langen Strandspaziergängen und noch längeren Plauderstunden.
Danach bin ich bereit für die nächsten geplanten Ausflüge: Mit meiner jüngsten Tochter wird es nach Morschach in ein Erlebnisbad gehen. Nur schon der Badkappenkauf letzte Woche war ein Erlebnis. Ich konnte wählen zwischen Modell „bunte Blumenwiese" (Voll-

gummi), dem Modell „Pampers am Kopf" und dem Modell" blaue Rüschchen".

Ich habe mich dann für das bequemste Häubchen entschieden.

Frisch gebadet werde ich einige Tage später nach Nizza fliegen, wo hoffentlich die Sonne scheint. Da will mir meine dritte Tochter zeigen, wo sie während ihres Sprachaufenthalt gewohnt hat und zur Schule gegangen ist. Natürlich wird sie mir auch „ihre" Stadt zeigen.

Kaum zu Hause wird dann schon der nächste Ausflug auf dem Programm stehen.

Mein Sohn ist eingefleischter Zugfahrer. Deshalb war mir schon lange klar, was mich erwartet: Wir werden 2 Tage Zug fahren rund um die Schweiz. Den genauen Fahrplan kenne ich nicht. Ich weiss nur, dass wir kaum Zeit haben werden, eine Stadt auf der Durchfahrt zu erkunden, da sonst zu viele, für ihn wertvolle Fahrminuten verloren gehen würden. Ich bin sehr gespannt welche Ecken der Schweiz wir befahren werden. Es wird auch auf dieser Reise für mich ganz ungewohnt sein, mich einfach treiben zu lassen und der Reiseführung zu vertrauen. Wie viele Jahre habe immer ich organisiert, geführt und mich gesorgt um das Gelingen. Nun geniesse ich es, meinen Kindern die Führung zu überlassen.

So hat sich mein April schnell gefüllt. Nun muss ich schauen, wie ich meine Arztbesuche noch unterbringe. Dazu kommt, dass sich schon erste Interessenten für meine Wohnung zur Besichtigung angemeldet haben. Aufräumen ist angesagt!

Stolz bin ich auch, dass ich bereits 3 Kisten gepackt habe. Naja, so richtig viel ist es nicht. Aber stolz bin ich trotzdem.

Ich habe dabei oft an meine ehemalige Zimmernachbarin Rosa gedacht, die im Moment keine Kraft hat, ihre Wohnung zu verlassen. Beim letzten Telefongespräch habe ich ihr die Frage gestellt, was sie in ihrem Leben anders gemacht hätte, wenn sie gewusst hätte, was mit der Krankheit auf sie zukommt. Ihre ehrliche Antwort war: Ich hätte mehr Geld für schöne Sachen ausgegeben und nicht immer gespart, und ich hätte die schönen Momente bewusster und intensiver genossen.
Den letzten Rat versuche ich seit meiner Spitalentlassung bewusst umzusetzen. Ich versuche jeden Tag etwas Schönes, Positives zu erleben, was mir auch meist gelingt. Oft sind es leise, kleine Sachen und Begebenheiten, die mich glücklich machen.
Begegnungen mit lieben Menschen, Erlebnisse, Gespräche, aber auch ein gutes Buch, ein bewusst genossenes Glas Wein, ein fertiger Scherenschnitt oder wie heute, die ersten warmen Sonnenstrahlen.
Ich geniesse jeden Tag!

Loslassen
12. Mai

Am letzten Mittwoch musste ich zur Knochenmarkbiopsie.
Ohne Narkose ist es schmerzhaft und auch danach ist
einige Tage der Einstich am Becken spürbar. Das Ergeb-
nis der Untersuchung hat sich auf Grund der Feiertage
leider verzögert, da wohl auch das Labor nicht arbeitet.
So bin ich im Moment noch im Ungewissen, ob sich wie-
der neue Leukämiezellen eingefunden haben.
Das würde ich aber den Zellen sehr übel nehmen, denn
ich habe nun wirklich absolut keine Zeit für einen unge-
planten Spitalaufenthalt.
Im Moment beschäftigt mich mein Umzug sehr.
Ich habe mir vorgenommen, alle meine Sachen auf ihre
Daseinsberechtigung hin zu überprüfen, bevor sie in die
Umzugskiste wandern. Dabei helfen mir die Fragen;

- Wusste ich, dass ich dies hatte, bevor ich es ge-
  rade sah?
- Gehört es überhaupt mir?
- Brauche ich es noch?
- Vermisse ich es, wenn ich es nicht mehr habe?

Danach wird sortiert: Verschenken, wegwerfen, Brocken-
haus oder behalten.
Aber eben: Trennung von etwas bedeutet Trauerarbeit -
so auch bei jedem Ding, das ich weggeben sollte.
Und wenn ich es, kaum habe ich es entsorgt, vermisse
oder brauche? Ist es da nicht besser, gleich alles zu behalten?
Oder ist das alles nur ein Vorsortieren von mir? Vielleicht
mache ich mir die grösste Mühe und schliesslich landet

99

doch alles auf dem Müll, weil ich vom Spitalaufenthalt nicht mehr heimkehre?
Ein schweres Stück Arbeit.

Loslassen lerne ich in diesen Momenten immer wieder. Nicht nur das Loslassen von Gegenständen bereitet mir Mühe, auch das Loslassen von Gewohnheiten, von Menschen, von meiner Gesundheit, vom Vertrauen in ein langes Leben.
Es wird mir täglich bewusst, wie selbstverständlich mir meine Gesundheit war.
Nie, nie wäre es mir in den Sinn gekommen, dass ausgerechnet ich an einer schweren Krankheit leiden könnte.
Ich hatte auch selten Zeit, mir darüber Sorgen zu machen. Mir war es immer wichtig, dass es anderen gut geht. Meinem Mann, meinen Kindern, meinen Schülern, meinen Freunden und Bekannten.
Jetzt ist der Zeitpunkt gekommen, wo ich mich von vielem verabschieden muss. Loslassen - ein lebenslanger, für mich schwieriger Prozess.
Ich klammere mich an das Vertraute, wie wenn es ein Teil meiner selbst wäre.
Jeder Gegenstand, der von mir beim Entrümpeln ausgeschieden wird, reisst in mir eine Wunde auf.
Ich habe Angst vor jeder Veränderung, will mein altes Leben zurück. Zu viel ist im Wanken.
Ich muss lernen, Illusionen von ewiger Gesundheit, lebenslangen Bindungen, sicheren Werten aufzugeben.

Biopsiebericht
14. Mai

Gestern Abend kam der Anruf meines lieben Professors: Es wurden keine Krebszellen gefunden bei meiner Biopsie.
Das hat mich natürlich riesig gefreut. So muss ich mich nicht sofort einer Chemo unterziehen, sondern kann weiterhin abwarten, bis ein Spender gefunden wird.
Je länger es dauert und je gesünder ich mich fühle, umso mehr zweifle ich daran, ob der Entschluss zur Transplantation der richtige war. Was, wenn ich jetzt schon gesund bin? Wieso unterziehe ich mich überhaupt dieser risikoreichen und langen Behandlung, wenn es vielleicht auch ohne ginge? So oft ich überlege und die Gedanken kreisen lasse, ich komme zu keinem Entschluss. Was der Mediziner sagt, ist klar, was ich will, wird mir immer unklarer.

Besuch bei Rosa
15. Mai

Heute besuche ich Rosa zu Hause. Als sie mir die Türe
öffnet, erkenne ich sie nur am Klang ihrer Stimme.
Ich finde keine Ähnlichkeit mit der Rosa, die mit mir in der
Klinik die Gänge unsicher gemacht hat. Ihr Körper ist
aufgedunsen von den Medikamenten. Ihr Gesicht dick.
Die Augen verschwinden beinahe hinter den geschwollenen Lidern. Ihre Haare sind nur stellenweise nachge-
wachsen. Auch ihre Beine und Füsse sind unnatürlich
dick.

Ich komme mir hilflos vor, obwohl ich doch wissen müss-
te, wie ich reagieren sollte. Aber ich fühle so etwas wie
Schuld in mir aufkommen. Schuld, dass es mir so gut geht
und ihr so schlecht.
Wir sitzen am Tisch und plaudern. Sie erzählt, dass ihre
Mutter aus dem Bündnerland oft bei ihr wohnt um sie zu
betreuen. Sie stricken zusammen aus Restwolle warme
Decken, die an Bedürftige verschenkt werden.
Kaum ist sie fähig, mit ihren aufgedunsenen Fingern zu
stricken und dennoch tut sie Gutes an Mitmenschen und
verschenkt Wärme.
Ich komme mir klein vor neben ihr, weiss nicht, was erzäh-
len.

Oben ohne
23. Mai 2013

Ich fasse einen Entschluss: Fertig mit der Perücke, mit der ich mir immer fremder vorkomme. Es fällt mir je länger je schwerer, mir jedesmal die fremden Haare auf den Kopf zu setzen, bevor ich das Haus verlasse. Am Anfang war es für mich die Rettung, nicht immer mit Mütze oder Tuch herumgehen zu müssen, aber je mehr aus meinen Haarstoppeln eine raspelkurze Frisur wurde, desto besser gefiel ich mir als grauhaarige Dame. Meine braune, kinnlange Perücke finde ich unterdessen richtig bieder und langweilig.

Aber eben: Bislang hat mich nur die Familie mit meinen eigenen Haaren gesehen. Ob ich die vielen Blicke und fragenden Gesichter ertragen kann, wenn ich so verändert unter die Leute gehe?

Als erstes lasse ich mir vom Coiffeur die Konturen sauber schneiden. Zu schneiden gibt es zwar nicht viel, aber nur schon das Gefühl, nach einem halben Jahr wieder einmal beim Coiffeur sitzen zu können, ist unbeschreiblich.

Daraufhin stelle ich mich gleich der grössten Menschenmenge, die verfügbar ist:
An diesem Tag findet in der Schule die Grundsteinlegung für die neue Mehrzweckhalle statt. Alle Primarschüler und ihre Lehrer sind versammelt zu diesem grossen Anlass. Obwohl ich Herzklopfen habe, läuft alles viel einfacher als gedacht. Die Kinder freuen sich, dass ich wieder da bin, staunen über meine neue Frisur, stellen ein paar neugierige Fragen, und schon ist für sie alles in Ordnung.

Die Erwachsenen kennen mich im ersten Moment nicht wieder, aber auch hier kommen keine seltsamen Blicke. So, das hätte ich überstanden! Es brauchte viel mehr Mut, als wenn ich mir aus einer Laune heraus eine Kurzhaarfrisur hätte schneiden lassen, denn meine jetzige Frisur ist nicht freiwillig entstanden. Doch die befürchteten mitleidigen oder entsetzten Blicke bleiben alle aus. Irgendwie finde ich mein graumeliertes, kurzes Haar richtig rassig. Nie hätte ich gewagt, jemals meine Haare so kurz zu schneiden.

Angst und Träume
2.Juni

Ja, es läuft viel in meinem jetzigen Leben. Selten gibt es Tage, an denen ich nicht weiss, was ich machen soll. Seit gestern bin ich sogar Mieterin von 2 Wohnungen. Während einem Monat überschneiden sich die beiden Mieten. Das lässt mir Raum und Zeit, mich langsam ans Umziehen zu machen. Wer hätte das gedacht, dass ich noch selbst alles packen und wieder auspacken kann! Bis jetzt wurde immer noch kein Stammzellenspender gefunden.

Das gibt mir zwar geschenkte, gesunde Tage, ist aber auch sehr zermürbend. Je länger die Warterei dauert, umso mehr wächst meine Angst und mein Respekt vor der Transplantation. Das Risiko und die Nebenwirkungen sind gross. Immer wieder plagen mich Fragen und Ängste: Werde ich jemals wieder gesund? Mit welchen Belastungen muss mein Körper in Zukunft umgehen? Wie lange werde ich überleben? Was macht überhaupt noch einen Sinn in meinem Leben?

Diese Fragen tauchen dauernd auf. Wenn es irgendwo zwickt im Körper, habe ich das früher einfach so hingenommen. Jetzt steigt sofort die Frage auf: Ist das normal, was ich spüre? Wenn ich mir etwas kaufen will, frage ich mich: Lohnt sich das überhaupt noch? Jetzt wo ich umziehe, überdecken manchmal dunkle Wolken meine Freude: Wie lange werde ich die schöne Wohnung geniessen können?

Für Gesunde klingen diese Gedanken wohl völlig übertrieben und irrational. Aber meine Sichtweise hat sich in
den letzten Wochen dramatisch verändert.
Immer noch versuche ich, jedem Tag etwas Sinnvolles
abzugewinnen. Nur zu Hause herumzusitzen bringt mich
schnell ins Grübeln.
Dieses Grübeln hat mich auf den Gedanken gebracht,
dass es in meinem Leben noch unerfüllte Träume gibt.
Den einen Traum habe ich immer wieder aus Ver-
nunftsgründen auf später verschoben: Zu wenig Geld,
später; zu kleine Kinder, später; zu wenig Zeit, später; zu
unnötig. Doch JETZT ist später!

Es gibt keinen Grund mehr, mir nicht wenigstens einen
jahrzehntelangen Wunsch zu erfüllen. Vielleicht ist er wirklich unvernünftig, vielleicht kann ich ihn gar nicht lange
nutzen. Was soll`s: Ich habe mir einen alten VW Camper
gekauft!
Sobald meine beiden Töchter ihre Abschlussprüfungen
hinter sich haben und ich fertig umgezogen bin, werde
ich mich mit ihm auf den Weg machen. Weit darf ich
zwar nicht weg, muss auch rechtzeitig zu den Kontrollen
wieder hier sein, aber so sieht für mich der Sommer und
die Freiheit aus!

Der Countdown läuft
9. Juni

Bis gestern hatte ich die Träume noch: Erst in aller Ruhe umziehen, dann als stolze Mutter die Abschlussfeiern meiner Töchter geniessen und dann noch einige Tage mit dem Camper losziehen.
Aber wieder einmal hat mir das Schicksal einen Strich durch die Rechnung gemacht:

Ich erhielt den Telefonanruf aus der Uniklinik: Ich muss in gut 3 Wochen einrücken.
Alles sei schon organisiert und geplant: Der ausländische Spender benachrichtigt, der Transport der Stammzellen in die Schweiz organisiert und die Ärzte dort und hier aufgeboten. Eine Verschiebung um einige Tage, damit ich wenigstens noch an den Feiern meiner Töchter dabei sein kann, ist unmöglich.

Eigentlich sollte ich froh und dankbar sein, stattdessen kämpfe ich gegen Ängste und Bedenken.
Plötzlich hat ein Countdown begonnen gegen die Zeit, in der ich noch gesund und munter überall herumspringen kann.
Dabei sollte ich doch noch so viel erledigen, wollte doch noch einiges erleben, bevor ich in die Isolation ver-schwinde.
Wie werde ich Mitte oder Ende August das Unispital ver-lassen?
Ich weiss es nicht. Ich weiss nur, dass ich froh bin, wenn ich diese Zeit endlich überstanden habe.
Und ich weiss, dass ich mich plötzlich einsam fühle. Sehr einsam.

Wozu ein Schloss?
16. Juni

Ich habe es tatsächlich geschafft, zwischen all meinen Terminen und dem Umzug, doch noch für 4 Tage mit meinem Camper zu verreisen. Es MUSSTE einfach sein!
Über Bregenz ging die Reise ins malerische Allgäu bis nach Füssen.
Ich suchte mir einen schönen Campingplatz am See.
Dort sass ich unter meinem Vordach und genoss die Idylle.
Nachts stürmte und regnete es, doch ich hatte es kuschelig warm in meinem Bett.
Am nächsten Tag radelte ich zum Schloss Neuschwanstein. Zusammen mit unzähligen Chinesen, Russen und Japanern wanderte ich zum Schloss hoch und besichtigte die protzigen Räume von innen.
Es ist unglaublich, was der Bayernkönig hier für Träume verwirklicht hat und noch verwirklichen wollte.
Am nächsten Tag ging es weiter ins Schwabenland, wo ich ganz liebe Freunde besuchte.
Mit dem Camper tuckerte ich über die Autobahn, sang lauthals zu den Hits im Radio und freute mich über die liebliche Gegend. Schnell ging es nicht vorwärts mit diesem Gefährt, dafür gemütlich.

Der Bayernkönig wäre neidisch gewesen: Wozu braucht man ein Schloss, wenn man sein Ferienhaus immer dabei haben kann? Und erst noch mit kalten Getränken im Kühlschrank!
Ja, ich denke, wir passen gut zusammen, mein Camper und ich.

Happy birthday lieber Blog
21. Juni

Genau ein Jahr ist es her: Ich startete zu meiner 8 wöchigen Reise durch China und an die Ostküste Australiens. Mein Blog hielt die Daheimgebliebenen auf dem Laufenden.
Jetzt stehe ich wieder am Anfang einer mehrwöchigen Reise. Nur führt sie mich diesmal nach Zürich.
Nicht gerade die Traumdestination für 5 – 8 - wöchige Sommerferien!

Während zwei Tagen musste ich vorgängig zu verschiedenen Voruntersuchungen ins Unispital Zürich. Ich wurde wortwörtlich auf Herz und Nieren geprüft. Lunge, Knochenmark, Blutbild. Alles in Ordnung. Wenn ich nicht Leukämie gehabt hätte, wäre ich kerngesund.
Zum Schluss der Untersuchungen gab es noch eine Besichtigungstour durch mein kommendes Zuhause, die Stammzellentransplantationsstation.
Mein Zimmer wird klein, funktional und sehr steril sein. Gefilterte Luft, Gestelle und Tisch aus Lochblech, das Bett mitten im Zimmer neben allen Überwachungsterminals.
Keine Dusche, und die Toilette am Bettende ein getarnter Kübel mit Deckel und eingelassenem Plastiksack, ohne Wasserspülung.
Auch was ich mitnehmen darf, ist eingeschränkt: Socken, Unterwäsche und Mützen. Alle anderen Kleider werden vom Spital gestellt. Hoffentlich haben sie bunte Pyjamas in meiner Grösse. Auch keine Kosmetikartikel sind erlaubt. Mitnehmen darf ich Beschäftigungsmaterial, Laptop,

Bücher und Musikinstrumente. Haben die ein Glück, dass ich nicht Schlagzeug spiele!

Bis zum Spitaleintritt gibt es jedoch noch viel zu tun. Noch immer wohne ich in meiner alten Wohnung zwischen Kisten und Entsorgungssachen. Inzwischen schlafen wir auf Matratzen am Boden, da die Betten schon wegge-räumt sind.
Da meine jüngste Tochter ebenfalls eine neue Bleibe bezieht, aber noch keine Möbel in ihre neue Wohnung stellen kann, gestaltet sich der Umzug sehr kompliziert. Über das Wochenende wird eingeräumt und aufge-räumt. Vieles bleibt an mir hängen und nur dank vieler helfenden Hände, psychischer Unterstützung und Einla-dungen zu stärkender Speis` und Trank von Freunden und Freundinnen, schaffe ich diese belastende Zeit.

In einigen Stunden wird es soweit sein. Dank der intensi-ven Wochen hatte ich nie viel Zeit, an meine Krankheit zu denken. Lange konnte ich sie verdrängen, aber nun wird sie in den kommenden 5 - 8 Wochen ständig im Vorder-grund stehen.
Ich fühle mich müde, ausgelaugt und erschöpft. Doch ausruhen werde ich mich in den nächsten Wochen zur Genüge können in meinem Spitalzimmer.

Teil 4

Eintritt
3. Juli

Gestern Nacht, kurz vor Mitternacht waren meine beiden Taschen endlich fertig gepackt.
Da ich keine Kleider mitnehmen darf, befindet sich in meinem Gepäck vor allem Beschäftigungs- und Schreibmaterial:
Flöten mit Noten (als Ersatz fürs Schlagzeug) Wolle mit Stricknadeln, Bast und Häkelnadeln, Bücher, Hörbücher, Musik CDs, Scherenschnittsachen und Schreibzeug. Und natürlich mein Draht zur Welt: Mein Laptop.
Nun ist es also soweit: Ich sitze in meinem Spitalzimmer, das in den nächsten Wochen mein Zuhause sein wird.
Leider habe ich bei der Zimmerzuteilung nicht soviel Glück. Der Blick aus meinem Fenster geht auf einen Innenhof. Ringsum Fassaden mit Fenstern und im Hof parkierte Autos.
Kein Blick zum Uetliberg, über den See und die Stadt wie aus den anderen Zimmern.

Gleich beim Eintritt muss ich ein blaues Spitalpijama anziehen. Ich sehe etwa so attraktiv aus wie Angela Merkel in Sträflingskleidung. Meine Mundwinkel ziehen auch merklich nach unten. Ich habe mich erkundigt, ob es dieses Kleidungsstück auch in anderen Farben gibt. Nun ist es aber so, dass hellblau für Grösse S steht, blau für L und wer ein rotes Pijama hat, trägt Grösse XL. Je nach dem, wie gut das Essen hier ist, werde ich mich in verschiedene Farben reinfuttern können.

Viele Infos erfolgen heute über Hygiene, medizinische Faktoren, über Essensbestellung und die Toilettenbenützung.

Die Infusionen liegen bereit, der Zentralvenenkatheter ist gelegt und heute Abend werde ich an die ganzen Apparate angeschlossen.

Vom Umzug bin ich noch ganz erschöpft.

Ich höre zu und lasse alles über mich ergehen.

Einerseits bin ich sehr froh, dass die Behandlung endlich startet, andrerseits fühle ich mich fremd und einsam.

Mein Mann, der mich hergebracht hat, verabschiedet sich auch bald. Und so bin ich ganz auf mich gestellt.

Da es mir im Prinzip ja körperlich gut geht, habe ich immer mehr Angst davor, in welchem Zustand ich dereinst wohl den Spital verlassen werde.

Jetzt geht es richtig los
4.Juli

Heute geht der Spitalalltag richtig los: Ich erhalte viele
zusätzliche Infos, werde instruiert, wie ich mich jeden Tag
waschen muss und wie der Ablauf mit Blutentnahme,
Blutdruck, Puls, Arztvisite vorgesehen ist.
Entweder werden die Ärzte immer jünger oder ich immer
älter. Beinahe habe ich den bleichen Assistenzarzt ge-
fragt, ob er die Wäsche zu Hause selbst macht und ob er
auch jeden Tag genug schläft; so schnell hat er meinen
Mutterinstinkt geweckt.
Das ganze Personal ist sehr nett und aufmerksam.
Heute kam auch eine Ernährungsberaterin. Bei ihr be-
schwerte ich mich als erstes, dass ich die Fertigsalatsau-
ce ganz übel finde. Deshalb wird mir erlaubt, dass mir der
nächste Besucher Olivenöl und Balsamico-Essig mitbrin-
gen kann, damit ich meine Sauce selbst machen kann.
Das grössere Übel kann leider nicht behoben werden. Ich
werde die wenig attraktive Aussicht in den nächsten
Wochen aushalten müssen.
Nun bekommt der Spruch, den ich bei einem Treppen-
aufgang neben der Uni- Klinik gelesen habe, einen Sinn
für mich. Da steht: „ Wir garantieren keine Seesicht, dafür
Anrecht auf Weltklasse- Medizin"
Nun werde ich eben den Ärzteparkplatz unter Kontrolle
halten. Schon habe ich festgestellt, dass der Arzt mit dem
Maserati heute wohl frei hat.
Da meine Schläuche nicht an einem Infusionsständer,
sondern mit einer fixen Station verbunden sind, darf und
kann ich das Zimmer nicht mehr verlassen. Auch sind alle
besetzt. Schade, die schöne Aussicht in der Klinik früher

hat mir viel Kraft gespendet, wenn ich sonst zu nichts Lust hatte.

Zur Vorbereitung auf die Transplantation ist nochmals eine Chemotherapie notwendig.
Den 1. Chemotag habe ich bald ohne Beschwerden überstanden, was anscheinend nicht selbstverständlich ist. Ich bin froh, dass mein Körper alle Strapazen mitmacht und aushält.
Ich bin glücklich für jeden Tag, der vorbei ist und den ich gut überstanden habe.

Tanz in ein neues Leben

Hinterhofgedanken
5. Juli

Ein ruhiger Tag mit Chemotherapie geht vorüber. Die ersten Tage sind bei mir wie bisher immer problemlos, bis dann alle Medikamente zu wirken beginnen und mein Immunsystem im Keller ist.

Heute habe ich versucht aus meinem Hinterhofzimmer zu entfliehen. Hier in der Stadt brodelt das Züri - Fest, das nur alle 3 Jahre stattfindet.

Nachts um 22.30 startet eines der grössten Feuerwerke Europas mit Musik und einer Dauer von 30 Minuten.

Ich versuche das Pflegepersonal davon zu überzeugen, dass sie mich für diese halbe Stunde doch ins gegenüberliegende Aufenthaltszimmer bringen sollen, von wo ich einen tollen Blick auf das Feuerwerk haben würde.

Der Assistenzarzt verspricht, für mich bei der Oberärztin ein gutes Wort einzulegen.

Leider nützt alles nichts, denn sie erklärt mir geduldig, welches Risiko ich eingehen würde, wenn ich mich so kurz vor der Transplantation noch Keimen und Bakterien aussetzen würde.

Nun werde ich das Spektakel am TV anschauen müssen. Schon beginne ich das Leben der freien Entscheidungen zu vermissen.

Heute und morgen wären zudem die Abschlussfeiern meiner beiden jüngsten Töchter.

Wie gerne wäre ich dabei gewesen! Ich bin traurig, dass ich schon wieder bei einem wichtigen Anlass fehle.

Nun müssen mich Fotos über das hinwegtrösten, was ich als stolze Mutter verpasst habe.

Solche besonderen Momente können nicht nachgeholt werden wie eine verpasste Reise. Es gibt kein Vertrösten auf später oder nachher.

Sie sind definitiv vorbei und verpasst.

Besuch
6. Juli

Der erste Besuch! Die beiden frisch diplomierten Töchter stehen vor mir. Es ist seltsam, sie in dieser fremden, kühlen Umgebung wieder zu treffen. Verlegen stehen sie da. Weisse Übermäntel über ihren Alltagskleidern, um mich vor Keimen zu schützen. Es dürfen nicht mehr als 2 Personen miteinander zu Besuch kommen, da sonst die Filteranlage des Raumes ihre Kapazität übersteigt. So wartet ihr Vater draussen, um nach ihrem Besuch bei mir vorbeizuschauen.

Ich bewundere die Abschlusszeugnisse meiner Töchter und freue mich mit ihnen. Noch lieber wäre ich an den Anlässen dabei gewesen.
Wie ich ihnen erscheinen muss?
Sie sehen ihre Mutter im blauen Pyjama, viele Apparaturen, noch mehr Schläuche.
Dazu kommt, dass ich nicht viel zur Unterhaltung beitragen kann. Was habe ich denn heute erlebt?
Die Töchter kommen mir fremd vor. Ich schaue mir die Fotos an von ihren hübschen Kleidern an der Abschlussfeier. Sie sind so jung, strahlend. Das Leben steht ihnen offen - und ich hänge an den Schläuchen.

Ich bin auch ein Kaninchen
7. Juli

Heute zählen wir den Tag -4. So wird hier gezählt. Tag 0 ist
der Tag der Stammzell-Transplantation. Bis dahin wird wie
bei einem Countdown rückwärts gezählt, bevor das Feuerwerk des neuen Lebens gestartet wird. Dann werde ich
auf 0 gesetzt, habe eine neue Blutgruppe und das zarte
Immunsystem eines ungeimpften Babys. Dann beginnt
alles neu. Neuanfang in altem Körper. Ob das gut geht?

Um diesen Tag 0 optimal vorzubereiten, braucht es einige Anpassungen meines alten Systems. Deshalb hängen
heute auch einige Schläuche mehr an mir.
Da gibt es drei Schläuche mit Infusionen von NaCl, eine
Infusion mit der Chemo, eine mit Mittel gegen die Abstossung der Stammzellen, eine mit Mittel gegen epileptische
Anfälle . Beide dienen zur Prophylaxe für mögliche Reaktionen. Dazu kommt das ATG, was soviel heisst wie An-
tithymozytenglobulin. Was wiederum heisst: Selbstlose
Kaninchen haben ihr Leben für mich geopfert. Dieses
Serum soll helfen, mein Immunsystem so weit wie möglich
zu unterdrücken. Natürlich wurde ich vor den Nebenwirkungen gewarnt: Übelkeit, Schwindel, Schüttelfrost, Fieber, Hautausschläge.

Jede Pflegerin wünscht mir alles Gute und viel Kraft, was mich sehr misstrauisch und ängstlich macht. Zudem werden meine Werte stündlich überwacht damit alles im Griff bleibt.

Dies während der nächsten 10 Stunden.

Ich hoffe, dass ich an diesem Abend in meinen Blog schreiben kann: Tag -4: unbeschadet überstanden. Melde mich zurück ins Leben. Und zur Feier des Tages werde ich mir zum Nachtessen eine Karotte bestellen zum Gedenken an die aufopfernden Kaninchen.

Götter statt Karotten
8.Juli

Zum Glück bekam ich gestern noch Besuch, so dass ich kaum Zeit hatte an die vielen Medikamente zu denken, die da in mich hineintropften.

Zum Nachtessen gab es leider keinen Karottensalat und auch kein Kaninchenragout. Dafür gab es Götterspeise. So habe ich eben den Göttern gedankt, dass alles so gut vorbei ging.

Doch kaum war das Essen vorbei begannen die Nebenwirkungen (vielleicht haben mich die falschen Götter gehört?):

Von allem ein bisschen. Ein bisschen kalt, ein bisschen heiss, Gliederschmerzen, etwas Kopfweh, etwas müde. Heute soll bereits die nächste Chemo starten, die epileptische Anfälle hervorrufen kann. Es ist schon eindrücklich, was da in meinen Körper gepumpt wird.

Unterbrochen von einer überfallsartigen Schlafattacke komme ich recht gut durch den Tag.

Kaum bin ich nicht beschäftigt, werde ich sofort schlapp und schläfrig. Da ich aber den Tag nicht zur Nacht machen will, zwinge ich mich, mich mit anderem abzulenken.

So walke ich auf dem Stepper in Gedanken durch Zürichs Quartiere. Flöte in falschen Tönen „My heart will go on"(immer noch besser als „Time to say goodye") und studiere schon an einem neuen Scherenschnitt herum.

Tag -2
9. Juli

Wie ich schon erwähnt habe, hat mich mein von mir getrennt lebender Mann während der ersten beiden Spitalaufenthalte begleitet und ist mir beigestanden.
Er war oft zu Besuch, hat bei mir im Zimmer gesessen und mich durch seine Erzählungen abgelenkt und erheitert.
Oft telefonierte er noch kurz, um mir eine gute Nacht zu wünschen.
Ich war immer sehr erfreut, wie toll wir miteinander umgehen konnten, trotz unserer Trennung.
Als ich damals aus der Klinik entlassen wurde, hatte mein Mann mir mitgeteilt, dass er sich nach einer neuen Beziehung sehne.
Ich hatte sein Bedürfnis verstanden, auch wenn es mir weh tat. Nicht nur, dass ich um unseren ungezwungenen Umgang miteinander fürchtete, sondern auch weil mir ganz klar war dass ich mit meiner Glatze und dem Tod vor Augen im Moment selbst keine neue Partnerschaft würde aufbauen können.

Von diesem Zeitpunkt an war er mir immer fremder geworden. Etwas hatte sich für mich verändert. Wenn man wie wir 30 Jahre verheiratet war, kennt man sich sehr genau.
Trotzdem hatten wir uns noch ab und zu getroffen, mit den Kindern gemeinsam gegessen, etwas unternommen, geplaudert, doch er schien mir zu entgleiten. Schon bei seinem letzten Besuch am 6. Juli kam er mir ungewohnt fern vor. Ich bemerkte bei ihm, wie auch bei den beiden Töchtern, wie entsetzt und hilflos sie sich bei meinem An-

122

blick fühlten. Plötzlich lag eine grosse Distanz zwischen uns. Sie, die am Leben teilnahmen und ich, die bisher immer aktiv und lebendig war, plötzlich an Schläuche und Infusionen gefesselt.

Ich spürte dies nach ihrem letzten Besuch so stark, dass ich mein Gefühl in einem Scherenschnitt festgehalten habe. Zentral, ein Baum als Sinnbild des Lebens. Mein Mann, der Vogel der wegfliegt, ich, die zerstört am Boden liege und auf den Ästen die vier Vogelkinder, die aus Distanz zusehen.

Ausgerechnet heute, 2 Tage vor der Transplantation, da alle meine Nerven zum Zerspringen angespannt sind und ich Zuspruch und Unterstützung bräuchte, macht er mir das Geständnis: Er hat seit einigen Monaten eine Freundin.
Ich bin völlig vor den Kopf gestossen. Etwas zerbricht in mir. Macht mich noch schwächer.
Es ist nicht die Tatsache, dass er eine liebe Freundin gefunden hat, sondern die Tatsache, dass er es mir und den Kindern seit Monaten verheimlicht hatte.
Ich erinnere mich an all meine Einladungen. Wie oft habe ich ihn zum Essen eingeladen, da ich Erbarmen hatte, weil er so alleine zu sein schien. Oder an seinen Geburtstag: Da organisierte ich einen Überraschungsausflug mit anschliessendem Essen. Stellte mir vor, wie er sonst alleine zu Hause sitzen würde an diesem Tag. Dabei war da irgendwo im Hintergrund eine Freundin. Die ganze Zeit, die vielen Wochen!

Ich bin erschüttert und fahre ihn an: „Das ist wohl der allerdümmste Moment, um es mir zu beichten". Er verteidigt sich, es sei nie der richtige Moment dazu.
Ich bin unfähig zu antworten, war nie gut in spontanen gefühlsmässigen Äusserungen, fühle mich völlig hilflos.
Nun liege ich hier, angeschlossen an Schläuche, isoliert von der Aussenwelt und mein Noch- Ehemann gesteht mir, dass er seit Monaten eine Freundin hat.
Ich brauche jemanden, der mich stützt, der mir Zuversicht gibt, der mir sagt, dass ich das alles gut überstehe. Jemand, der am Tag 0 bei mir sitzt und während der Transplantation für mich da ist. Ich stelle mir vor, wie er mich weiterhin besuchen wird. Vielleicht aus Pflichtgefühl, vielleicht aus Mitleid.
Ich ertrage den Gedanken nicht, schicke ihn weg. Nach Hause, zu ihr- egal - einfach weg.
Er versteht zuerst nicht. Seine Frage. „Wann darf ich dich wieder anrufen?" kann ich nur kurz beantworten: „Ich weiss es nicht, aber bitte geh jetzt"

Nachdem er gegangen ist starre ich auf die frisch dekorierten Wände.
Noch vor einer Stunde haben wir vergnügt plaudernd seine Fotos an die Wände gehängt. Auf meinen Wunsch hin hat er mir Ferienfotos vergrössert von Gegenden, die ich liebe. Schön sieht das Zimmer jetzt aus. Nicht mehr so kahl.
Von den Pflegern und Ärzten gibt es abends viele Komplimente für die schönen Bilder.
Ich kann sie nicht mehr ansehen. Am nächsten Tag reisse ich sie herunter.

Abgestürzt

Tag 0
11. Juli

Nun ist er da, der Tag 0!
 Zwischen 16 und 17 Uhr werden die neuen Stammzellen in mich tröpfeln und mir hoffentlich ein neues und langes Leben bescheren.
Ist es nicht eindrücklich, wie es auch heute noch Freiwillige auf der ganzen Welt gibt, die für fremde Menschen spenden?
Ein weiteres Wunder ist auch, dass die Stammzellen ihren Platz finden und sich selbst auszubreiten beginnen. Ich hoffe, mein Körper nimmt sie wohlwollend auf und will sie nicht abstossen. Die nächste kritische Phase zieht sich über 100 Tage hin.

Wie ich mich fühle?
Da ich das Glück hatte, bis anhin fit und munter zu sein, verspürte ich selten Angst, dass ich den Tag 0 nicht erreichen könnte und ich sterbe, bevor ein Spender gefunden wird. Eine etwas naive Einstellung, da sich bei solchen Erkrankungen schnell alles ändern kann.
So aber bedeutet es für mich einen weiteren Meilenstein in meiner Therapie.
Mehr Respekt und Befürchtungen habe ich vor den kommenden Abstoss- und anderen Reaktionen meines Körpers.
Und dazu brauche ich all meine Kräfte und eine gesunde Psyche. Die aber ist im Moment noch immer sehr angeschlagen.

Ganz unspektakulär sieht der Beutel mit den Stammzellen aus. Ich darf selbst das Rädchen drehen und damit den Hahn öffnen, der mich mit dem Transplantat verbindet. Eine Freundin ist zufällig zu Besuch. Ich frage sie, ob sie in diesem wichtigen Moment nicht bei mir bleiben mag und so verkürzt sie mir die Zeit.

Nach 40 Minuten ist die rote Flüssigkeit über einen Schlauch in mir verschwunden.
Leider folgt die Reaktion auch sofort: Schüttelfrost, Fieber, Übelkeit, Schwindel. Diese kleine Abstossreaktion soll sehr erwünscht und normal sein.
KLEINE Abstossreaktion?
Ich bin danach so gerädert und müde, dass ich mir nicht vorstellen möchte, was in den nächsten Tagen und Wochen noch folgt.

Vom Spender weiss ich nur so viel: Er lebt im Ausland, ist männlich und übergibt mir seine Blutgruppe A. „ A", wie Anfang. Diese ersetzt ab heute meine alte Blutgruppe AB. An diese habe ich eine starke emotionale Bindung: Meine drei Schwestern haben nämlich alle eine andere Blutgruppe, nur ich habe die seltene Blutgruppe AB von meinem Vater übernommen. Es machte uns stolz, zusammen etwas so Seltenes zu besitzen. Jedes Mal wenn ich zum Blutspenden ging, erfüllte es mich mit Freude, dass ich anderen mit der speziellen Blutgruppe etwas Gutes tun konnte.
Nun habe ich also eine neue Blutgruppe. Habe mich sozusagen nochmals abgenabelt, diesmal von meinem Vater. Vielleicht auch von meinem alten Leben?
Die Zeit dazu wäre gekommen.

Einsam
12. Juli

Anscheinend mache ich einen beklemmten Eindruck auf das Pflegepersonal, obwohl ich mir so Mühe gebe, mir gegen aussen nichts anmerken zu lassen. Ich fühle mich alleine und sehe in allem keinen Sinn mehr.
Habe ich nicht alles erfüllt, was eine brave Ehefrau und Mutter im Leben leisten sollte? Habe 4 Kinder zu anständigen Erwachsenen erzogen, habe den Haushalt geführt, nebenbei noch gearbeitet. Soziale Kontakte gepflegt und am Dorfleben Anteil genommen. Auch um meinen Mann muss ich mir keine Sorgen mehr machen, dass er alleine zurückbleibt- er hat sein neues Glück ja offenbar gefunden.
Was nun?
Ich starre die kahlen Wände an und weiss nicht weiter. Eine sehr einfühlsame Pflegefachfrau sucht das Gespräch mit mir. Hört zu, versucht zu verstehen.
Später kommt die Spitalseelsorgerin vorbei. Auch ihr erzähle ich von meinem Kummer. Am Nachmittag noch der Besuch der Psychoonkologin. Alle müssen heute zuhören. Ich, die immer so stark war, weiss nicht mehr weiter.
Immer hatte ich ein Ziel vor Augen, wofür es sich zu leben lohnt.
Eigentlich wäre jetzt der Moment gekommen, wo ich mich mit gutem Gewissen aus dem Leben schleichen könnte. Meine Lebensziele sind erreicht.
Ich kann nicht weinen, schäme mich meiner Schwäche. Was soll ich zur Antwort geben, wenn mich jemand fragt, wieso ich weine?

Ich mochte Selbstmitleid noch nie.
Mein Kopf wird immer schwerer von den zurückgehalte-
nen Tränen.

In diesem Moment kommt meine älteste Freundin zu Besuch. Ich kenne sie, seit ich 4 Jahre alt bin. Ihre Anwesen-
heit tut mir gut. Wir verstehen uns ohne Worte. Sie hat
Plakate mitgebracht, um meine Wände neu zu schmü-
cken.
Frontal vor meinem Bett hängen wir ein Plakat mit Bildern
von 101 Reisezielen in der ganzen Welt auf.
Vielleicht mein neues Ziel: Wieder auf Reisen gehen, andere Kulturen und Menschen kennen lernen!
Zu Hause wartet mein Camper nur darauf, dass ich mit
ihm losfahre.
Es wird neue Ziele geben im Leben. Ziele, die ich selbst
bestimmen kann und die nicht durch die Familie vorge-
geben sind, sondern nur durch mich.

Klösterliches Leben
14. Juli

Heute ist meine Stimmung schon etwas besser.
Obwohl mein Aufenthalt in dieser Isolation nicht freiwillig
ist, kann ich ihm beinahe etwas klösterlich Reinigendes
abgewinnen.
Ich habe viel Zeit, um über mich und mein Leben nach-
zudenken.
Zum ersten Mal in meinem ganzen Erwachsenenleben
habe ich keinen Druck, keine Erwartungshaltung von
aussen, die ich erfüllen muss.
Die einzige Aufgabe, die ich mir selbst stelle, ist gesund zu
werden.

Ich muss mich im Moment nicht um berufliche Belange
kümmern, mein privates Leben hat eine wichtige Wende
genommen, indem ich zum ersten Mal wieder ganz alleine leben werde. Auch meine 4 Kinder sind auf einem
guten Weg und brauchen mich im Moment weniger.
Auch sonst lösen sich im Privatleben Bande, was vielleicht
befreiend ist.
Niemand stellt Ansprüche an mich. Ich muss nicht kochen, nicht einkaufen, muss mir morgens nicht einmal
überlegen, was ich anziehen soll.
Frisurenprobleme fallen weg, Figurprobleme sowieso.
Es geht zum ersten Mal im Leben nur um mich.
Ich muss NUR gesund werden - aber das dringend.

Blutsverwandte gesucht!
16. Juli

Wieder geht ein recht guter Tag zu Ende. Dies ist Tag 5.
Die schlimmsten Nebenwirkungen sind bis ca. Tag 14 zu
erwarten. Also noch 9 Tage, bevor es überhaupt auf-
wärts gehen kann, denn im Moment sinken meine Blutwerte immer noch.
Sobald die neuen Stammzellen sich breit gemacht und
mein altes Blut zurückgedrängt haben, stürze ich wohl in
eine Identitätskrise:
Wer sind meine Blutsverwandten?

Richtig betrachtet, habe ich ab diesem Zeitpunkt keine
Blutsverwandten mehr, die ich persönlich kenne.
Eine seltsame Vorstellung.
Meine älteste Tochter erheitert mich da mit einer interes-
santen Überlegung:
Wenn ich straffällig würde und zum Beispiel eine Bank
ausrauben würde, könnte an Hand meiner DNA niemand
auf meine Spur kommen. Im Gegenteil, es würde ein
ahnungsloser Mensch in Deutschland der Tat überführt
und verhaftet.
Weiss mein Spender wohl, worauf er sich eingelassen
hat?

Schlafmangel
18. Juli

Genau eine Woche ist es her, seit ich die neuen Stammzellen erhalten habe.
Ob sie sich verbreiten und nicht allzu viel Schaden an-
richten in meinem Körper, zeigt sich in den nächsten
Wochen. Die Situation ist immer schwierig, wenn ich mir
vorstellen muss, dass es nicht klappen könnte.
Bis gestern reagierte mein Körper sehr gut, aber laut Ärzten ist der Ausgang eben immer ungewiss und unbere-
chenbar.

Gestern hatte ich einen unangenehmen Tag mit starken
Kopfschmerzen und Schwindel. Meine Blutwerte sind ra-
pide gesunken.
Es fühlt sich seltsam an, wenn da ein Blutbeutel mit der
Blutgruppe A hängt, statt wie bisher mit AB. Ich werde
wohl noch einige Zeit brauchen, um mich daran zu ge-
wöhnen.
So bin ich gestern den ganzen Tag antriebslos herumge-
sessen.
Die Kopfschmerzen können auch von meinen etlichen
schlaflosen Nächten herführen.
Ich schlafe ein und nach einer Stunde bin ich hellwach.
Die Nächte sind so elend lang!
Ich versuche es mit Autogenem Training, mit kinesiologi-
schen Übungen, Fernseh schauen, studieren, Tee trinken
oder einfach mit Daliegen Es nützt alles nichts.

Es ist aber auch nicht besonders gemütlich im Zimmer:

Es ist immer leicht grün beleuchtet von den Infusionsap-
paraten, die vor sich hin ticken. Ab und zu piepsen sie in
der Nacht oder die Nachtwache kommt, um sie zu
überprüfen. Dazu die Lüftung, die dauernd brummt.
Nun wird heute beraten, wie ich aus dieser belastenden
Dauersituation wieder herausfinde. Zum Glück ist das
ganze Pflegepersonal sehr nett und verständnisvoll.
Ich hoffe, dass ich bald einmal einige Stunden schlafen
kann.

Ausgeschlafen und unbeschwert
19. Juli

Hurra, ich habe geschlafen wie ein Bär!
Gestern haben sie alles unternommen, um mich zum
Schlafen zu bringen:l
Zuerst ein Orangenblütentee mit Honig, dann ein Laven-
delduftspray. Eine Schlaftablette und ein Antidepressi-
vamittel, damit meine Gedanken zur Ruhe kommen.
Das hat eingeschlagen wie eine Bombe.
Ich habe die ganze Nacht durchgeschlafen!
Wach war ich zwar am Morgen wieder, aber die Wirkung
der Antidepressiva liess erst gegen Nachmittag nach.
Das Gefühl, das ich in dieser Zeit hatte, war unbeschreib-
lich.
Ich schwebte die ganze Zeit gefühlsmässig. Nichts schien
schwierig, alles möglich.
Versuchte ich an meine Probleme zu denken, so waren
sie nicht fassbar und flatterten weg wie Schmetterlinge
im Wind.
Mir war völlig bewusst, dass meine Gedanken von den
Medikamenten beeinflusst wurden, konnte aber gar
nichts dagegen tun.
Ich kannte einen Morgen lang keine schweren Gedanken mehr. Es war für mich eine völlig neue Erfahrung,
doch auch etwas erschreckend, denn meine Denkweise
war mir völlig fremd.

Haariges
23. Juli

In den letzten Nächten konnte ich gut schlafen und so
sind auch meine Tage entspannter. Es geht mir den Um-
ständen entsprechend gut.
Wasserablagerungen in Gesicht und Augen bewirken,
dass ich etwas aufgedunsen bin und nicht mehr ganz
scharf sehe,
Ersteres finde ich nicht so schlimm, werden doch durch
die Wasserablagerung sämtliche Falten geglättet. Doch
meine Sehschärfe hätte ich schon gerne zurück.

Auch beginnen sich die Haare zu verabschieden. Aber
leider machen sie das nicht still und leise, sondern die
ganze Kopfhaut ist berührungsempfindlich.
Es ist, wie wenn mir jedes Haar persönlich tschüss sagen
wollte.
Nun kann ich wenigstens hoffen, dass die nachfolgen-
den Haare wachsen dürfen und keiner Chemo mehr zum
Opfer fallen.

Zum ersten und zum zweiten Mal
24. Juli

Immer schon war ich neugierig, was in meiner Krankenakte wohl alles notiert wird. Es fiel mir auf, dass alle Betei-
ligten immer über alles informiert waren. Also musste dies
logischerweise irgendwo festgehalten sein. So verlangte
ich Einsicht in meine Krankenakte.
Der zuständige Assistenzarzt hat dies noch nie erlebt und
so beginnt die grosse Ratlosigkeit: Elektronisch darf sie
aus Datenschutzgründen nicht übermittelt werden. Zum
Ausdrucken ist die Akte zu dick. Was nun? Schliesslich
wird mir ein Auszug aus den Berichten auf Papier ausge-
druckt und erklärt.

Es ist erstaunlich, was darin alles festgehalten wird. Nebst
der genauen Medikamentation kann ich nachlesen, ob
ich gut geschlafen habe, alles aufgegessen habe, womit
ich jeweils beschäftigt war, ob ich Besuch hatte und wie
meine Stimmung war. Dies natürlich nur als Interpretation,
denn wer kann hinter meine mühsam aufrechterhaltene
Fassade sehen?

Zum zweiten Mal muss ich Haare lassen. Ich konnte die
Haare heute Morgen schon mühelos mit den Händen
auszupfen. Das Zeichen, dass es nun zu Ende ist mit meiner grauen Pudelfrisur.
Nun werden sie zum zweiten Mal abrasiert. Dies ist für
mich schwerer zu verkraften als beim ersten Mal. Endlich
hatten meine nachgewachsenen Haare wieder eine
akzeptable Länge und schon muss ich sie wieder ab-

schneiden. Doch ein kleiner Trost bleibt: Wenn sie nun
wieder nachwachsen, dann hoffentlich für immer.
Da ich ja auch gut behütet bin von vielen verschiedenen
Hutmodellen, macht es mir diesmal wenig aus.
Wie aus meiner Bitte nach schönen Kopfbedeckungen
eine neue Geschäftsidee entstand, zeigt das Beispiel
meiner Freundin. Sie hat so viel Gefallen gefunden am
Hütenähen, dass ein Nebenerwerb daraus geworden ist.
Sie näht Mützen, Hüte und Kappen für alle Lebenslagen.
Ich freue mich, wie aus einem anfänglichem Hilferuf an
meine Freundinnen ein Nebenerwerb entsteht, der auch
anderen Menschen in einer ähnlichen Lebenslage zu
Gute kommt.

Kindertreffen
25. Juli

Seit meinem neuerlichen Eintritt ins Spital fühle ich mich zunehmend unverstanden von meinen Kindern. Schon zu Hause war mir immer wieder aufgefallen, wie wenig sie auf meine Krankheit eingingen. Es machte mich oft wütend, wenn sie ganz klar von mir erwarteten, dass ich ihnen wie immer den gewohnten „Service": waschen, einkaufen, kochen, putzen - bieten sollte. Über meine Krankheit wollten sie nicht viel wissen. Solange ich funktionierte, war scheinbar alles gut.

Auch jetzt habe ich das Gefühl, dass sie noch immer nicht begriffen haben, dass es um Leben und Tod geht. Zwar telefonieren sie, kommen zu Besuch, senden mir schöne Karten aus den Ferien, aber obwohl sie zwischen 18 und 28 Jahre alt sind, komme ich nicht wirklich an sie heran.
Lasse ich durchblicken, dass ich Angst habe, oder dass es mir nicht so gut geht, schwächen sie meine Bedenken ab: Letztes Mal sei auch alles gut gegangen, ich müsse nur sehen, ich würde alles problemlos meistern. Auch habe ich ganz stark das Gefühl, dass sie mir gar nicht richtig zuhören.

Ich bin unsicher, was von meinen Erklärungen bis zu ihnen vordringt. Was wissen sie über meine Krankheit? Haben sie Fragen, die sie mir nicht zu stellen wagen?

Aus diesem Grund veranlasse ich, dass ein Arzt und die Psychologin meine Kinder zu einem Aufklärungsgespräch einladen. Sie kommen auch wirklich alle. Ich bin nicht dabei, kann ich doch das Zimmer nicht verlassen. Darüber bin ich auch froh, denn so können sie ohne Hemmungen mir gegenüber Fragen äussern. Es ist mir wichtig, dass alle meine Kinder denselben Wissensstand haben und von Fachpersonen informiert werden.
Danach kann ich ihr Verhalten vielleicht besser verstehen.

Nach dem Gespräch besuchen mich die Kinder im Zimmer. Ich merke, dass sie froh sind, kompetente Antworten bekommen zu haben.
Sie sprechen zwar nicht viel und ich frage sie auch nicht aus, aberich fühle mich befreit von einer grossen Last.

Aus dem Jammertag wird ein Glückstag
26. Juli

Heute ist es mir ums Jammern. Grund genug habe ich dazu, denn ich konnte wieder nicht gut schlafen. Die Infusionsapparate piepsten immer wieder, kaum war ich eingedöst. Dazu habe ich Schmerzen im Beckenbereich, die sich den ganzen Rücken hochziehen. Das komme von den Stammzellen, die sich auszubreiten beginnen. Es fühlt sich an wie Wehenschmerzen. Nur wird kein Kind geboren, sondern mein Blut wird neu geboren - und damit ich.

Auch hat mich der Isolationsblues gepackt. Obwohl ich massenhaft Beschäftigungsmaterial habe und jeden Tag Besuch erhalte, wird mir die Zeit lang. Immer derselbe Tagesablauf, dieselben Pflegeleute, 20 Tabletten jeden Tag, die ich schlucken muss und dieselben 20 Quadratmeter, in denen ich mich aufhalten muss.

Doch plötzlich kommt Schwung in die Bude:

Das Pflegepersonal hat festgestellt, dass es in meinem Raum aus dem Abfluss stinkt. Das habe ich gar nicht bemerkt, da ich immer im Zimmer sitze. Im Nu werde ich von den Infusionen abgestöpselt und in ein anderes Zimmer verlegt. Natürlich helfe ich fleissig beim Umzug mit, darin habe ich schliesslich noch Übung!

Nun habe ich ein Zimmer mit Blick über Zürich zum Uetliberg. Dazu kommt, dass ich jeden Tag 6 Stunden abgestöpselt sein darf. Das heisst, dass ich von nun an jeden Tag im Gang spazieren kann, die Dusche und die richtige Toilette benutzen darf.

Was für ein Fortschritt!

Frei
29. Juli

Heute geht es mir recht gut. Seitdem ich das Zimmer gewechselt habe, werde ich pro Tag 6 Stunden von den Infusionsschläuchen befreit. Das heisst, dass ich jeden Tag neu wählen kann, welche 6 Stunden ich frei herumlaufen möchte. Unter „frei" versteht man hier, dass ich auf den Gang darf, dass ich duschen darf, dass ich ein richtiges WC mit richtiger Wasserspülung gebrauchen kann und dass ich vor meinem Zimmer auf dem Hometrainer trainieren kann.

Das lasse ich mir natürlich nicht zweimal sagen. Ich will mich dadurch fit machen für meinen Austritt, und kämpfe so auch gegen die Müdigkeit an. Klar, viel bequemer wäre es, den ganzen Tag mit einem guten Buch im Bett zu verbringen. Aber ich denke, meine schnelle Genesung hat auch viel mit meinem Willen und meiner Psyche zu tun. Immer schon habe ich Ziele gebraucht im Leben. Sie waren mein Motor, meine Motivation. So auch jetzt.
Es kommt nun auch ab und zu ein Physiotherapeut, um zu sehen, ob ich brav trainiere.
Es ist aber nicht nur das Training, weshalb ich oft auf dem Hometrainer im Korridor anzutreffen bin. Ich habe so auch die Übersicht, was da alles läuft. Welche Besucher zu wem gehen, was das Personal schwatzt und ob andere Patienten auch auf dem Korridor sind. Endlich wieder etwas im Leben stehen!

Wie riecht Freiheit?
30. Juli

Heute darf ich zum erstenmal und ohne Infusionsständer in den kleinen Park vor dem Spital gehen.
Niemand, der nicht 4 Wochen in einem Zimmer gefangen war, kann sich diese Freude vorstellen.
Was für eine Verwandlung vom hellblauen Pyjamamonster zur neu erwachten Frau!
Ich bin nervös und voller Vorfreude. Die Verwandlung dauert aber einige Zeit, denn es gilt Vorsichtsmassnahmen einzuhalten. So muss ich Arme und Beine möglichst bedecken, einen Sonnenhut tragen und Gesicht, Hals, Ohren und Hände mit einem guten Sonnenschutzmittel eincremen. Zuviel Sonneneinwirkung kann eine Abstossreaktion des Transplantats zur Folge haben. So gerüstet geht es mit dem Physiotherapeuten nach draussen. 4 Stockwerke die Treppe hinab in die Freiheit.
Es ist keine leere Floskel: Ich konnte mir wirklich nicht mehr vorstellen, wie warmes Sommerwetter riecht, wie es ist, wenn ein Windhauch über das Gesicht streicht, wie sich warme Luft auf der Haut anfühlt. Es ist wunderschön. Ein richtiges Wiedererwachen.
Leider muss ich nach einer halben Stunde abermals meine Mundmaske anziehen und als Fitnesstest die 4 Stockwerke hoch steigen. Kaum oben angelangt, mutiere ich wieder zur hellblauen Spezies und schlurfe mit den Spitaladiletten den Gang entlang.
Aber von nun an werde ich mich jeden Tag einen Spaziergang lang in ein weibliches Wesen verwandeln. Und nicht mehr lange, dann werde ich es auch bleiben.

Endlich!
3. August

Bald ist es soweit. Morgen werde ich nach Hause entlassen. Noch einmal schlafen!
Es ist schon ein seltsames Gefühl, die Station und die lieb gewonnen Leute zu verlassen, die mir in den letzten 4 ½ Wochen beigestanden sind.
Nie hätte ich gedacht, dass ich etwas wehmütig, aber auch mit Respekt in die Freiheit schreiten werde.
Ja, Respekt habe ich vor dem weiteren Verlauf meiner Krankheit. Es sind erst 23 Tage der kritischen 100 Tage vergangen. 100 Tage werde ich mich an ganz bestimmte Vorschriften und Verhaltensregeln halten müssen:

- Küchentücher und Lappen jeden Tag wechseln
- Geschirrspüler jeden Tag laufen lassen
- Keine Gartenarbeiten
- Keine Lachsbrötchen, Fleisch nur durchgebraten
- Keine Grapefruits und Granatäpfel
- Kein Softice
- Nur pasteurisierte Milchprodukte und Käse
- Kein Alkohol
- Alle der Sonne ausgesetzten Hauregionen mit Sonnencreme schützen
- Menschenansammlungen meiden
- Keine Bäder und Saunas besuchen

Vor dem Austritt gibt es tausend Sachen zu besprechen: Wie wird mein Transport zur Kontrolle zweimal in der Woche nach Zürich organisiert? Wer kauft für mich ein? Welche Medikamente muss ich wann nehmen? Welche Nahrungsmittel muss ich meiden? Unter welchen Bedingungen darf ich das Haus verlassen? Und welches sind die Alarmzeichen einer Abstossung?
Hier war ich wohl umsorgt und behütet, von jetzt an bin ich weitgehend wieder selbst verantwortlich für mich. Und das macht mir mehr Angst als ich zugeben will.

Leider haben sich meine weissen Blutkörperchen trotz anfänglicher explosionsartiger Ausbreitung nicht weiter vermehrt. Nein, im Gegenteil, die Werte sinken täglich. So habe ich heute wieder eine Spritze zur Animation der Stammzellen erhalten und hoffe, dass trotz „Wehenschmerzen" dass sie sich artig vermehren, und ich nicht mehr so müde bin.

Teil 5

Müde
7. August

Ich hasse Abschiede! Obwohl dieser Abschied ja eigentlich sehr erfreulich ist, denn ich werde früher als erwartet, nach „nur" 4 ½ Wochen nach Hause entlassen. Trotzdem bin ich etwas traurig. All das liebe Personal, das mich während dieser Zeit betreut hat! Durch viele (auch persönliche) Gespräche sind wir uns näher gekommen. Wie oft sass jemand bei mir im Zimmer und plauderte mit mir, da es bei mir "immer so gemütlich sei". Unbedingt wollen sie mir jetzt noch einen letzten Cappuccino bringen, aber leider muss ich mich auf den Weg machen. Gleich zu zweit begleiten sie mich durch die endlosen Gänge zurück in die Freiheit. Zum Glück fährt meine Freundin mit ihrem Ehemann gleich vor, so gibt es nur ein schnelles letztes Abschied nehmen.

Nun geht es heimwärts. Zu Hause angekommen begutachte ich wie eine Fremde meine Wohnung. Staunend spaziere ich langsam durch die vor kurzem erst neu eingerichteten Zimmer. Nur wenige Tage hatte ich hier verbracht, bevor ich ins Spital musste.

Dadurch und da ich so lange weg war, habe ich keine Ahnung mehr, wo was verstaut ist.

Überhaupt bin ich viel zu müde, um mir um solche Banalitäten Gedanken zu machen. Und schon bin ich auf dem Sofa eingeschlafen.

Zum Glück habe ich vorher abgemacht, dass eine gute Freundin von mir mit einem feinen Nachtessen zu Besuch kommt. Ich hätte mich nie aufraffen können, selbst etwas in der Küche vorzubereiten.

An diesem ersten Abend sinke ich völlig erschöpft in der mir noch immer fremden Wohnung ins Bett. Wie dankbar bin ich all den guten Freundinnen, die mich in den letzten Wochen aufgeheitert, besucht, mit Karten überrascht und mit liebevollen Anrufen und Mails unterstützt haben.

Schattendasein
10. August

Die letzten Tage zu Hause sind langsam vergangen. Ich
bin viel zu müde, um mich für irgendetwas aufzuraffen.
Am schlimmsten ist immer noch der Gedanke an die
Essenszubereitung. Es ist ganz seltsam. Ich esse gerne und
reichlich von dem, was auf den Tisch kommt. Aber nur
schon der Gedanke an die Zubereitung von Essen macht
mir Mühe. Es muss fertig vor mir auf dem Tisch stehen,
dann geht es.
Zum Glück ist gestern meine Schwester aus Dänemark
bei mir eingetroffen. Dass sie nicht schon im Flugzeug die
Küchenschürze angezogen hat, grenzt an ein Wunder!
Sie ist äusserst praktisch veranlagt und schmeisst mir den
Haushalt für eine ganze Woche, ohne dass ich viel erklä-
ren muss.
So kann ich mich auf das konzentrieren, was mir im Moment möglich ist: Aufs Nichtstun und kleine Spaziergänge
nach Sonnenuntergang, wenn mich die schädlichen
Strahlen nicht mehr treffen können.
Ja, im Moment führe ich ein Schattendasein!

Abhängigkeit
16. August

Die Müdigkeit hat mich immer noch voll im Griff!
Es braucht viel Überwindung und Energie, morgens überhaupt aufzustehen, und nach dem Morgenessen sinke
ich erschöpft aufs Sofa.
Diese Müdigkeit ist schwer zu beschreiben. Sie beginnt
schon im Kopf, der mir signalisiert, dass alles viel zu streng
und kräftezehrend ist, obwohl ich mir so viel vorgenommen habe. Raffe ich mich zu etwas auf, so bin ich bei
der Sache, aber mein Kopf und mein Körper signalisieren
dauernd: „Müde, müde".
Durch meine häufigen Kontrollen im Unispital weiss ich,
dass meine Blutwerte stetig aber laaaaangsam steigen.
Noch muss ich 64 Tage in Quarantäne ausharren, bevor
ich wieder unter die Leute kann, einkaufen darf oder gar
verreisen.
Ich habe gewusst, dass ich 100 Tage nach der Transplantation durchhalten muss, habe es mir aber nie so schwer
vorgestellt, mehr oder weniger ans Haus gefesselt zu sein.
Plötzlich erscheint mir Einkaufen als das grösste Glück auf
Erden. Selbst durch die Regale streifen, das Angebot
prüfen, nachschauen, welche Glacésorten in der Kühl-
truhe liegen: ein Traum. Oder ein Besuch im Lehrerzimmer
(mit oder ohne Kuchen), der Gang über den Pausen-
platz, Kinder, die mich begrüssen, alles nur noch in meiner Fantasie möglich bis nach den Herbstferien.
Am Ungewohntesten ist für mich jedoch die Abhängigkeit von anderen. All die lieben Angebote anzunehmen
fürs Einkaufen, Mahlzeiten kochen, Spaziergänge, ohne

dass ich eine Gegenleistung erbringen kann, entspricht überhaupt nicht meinem Wesen.

Schwach oder bedürftig war ich bisher noch nie im Leben. Ich habe geleistet und gemacht, was gemacht werden musste, und nun wird für mich geleistet und gemacht. Ich bin sehr dankbar, aber es macht mich auch verlegen und etwas ratlos. Womit habe ich das verdient? Ja, ich habe schon viele neue Erfahrungen gemacht durch meine Krankheit aber dies ist eine der schwierigeren: Zu nehmen, ohne geben zu können.

Virtuelles Einkaufen
24. August

Mein Vorratsschrank ist immer noch leer. Klar bringen mir
meine Freundinnen, was ich ihnen auftrage. Aber wieder
einmal selbst das Sortiment durchschauen und entscheiden, wonach ich spontan Lust habe, ist etwas anderes.
Ausserdem muss ich unbedingt einen Grosseinkauf täti-
gen.
Deshalb mache ich mich im Internet auf die Suche nach
einem Onlineshop. Schliesslich entscheide ich mich für
den einen Anbieter. Während 2 (!) Stunden durchforste
ich das breite Angebot, damit meinen latenten Gelüsten
nichts entgeht.
Zu meinem Erstaunen wird auch Alkohol angeboten, was
für mich im Moment noch unwichtig ist. Viel wichtiger ist
die Entdeckung, dass auch Mövenpick-Eis im Angebot
ist.
Nun muss ich meine drei Kühlschubladen logisch und
nach dem Baukastenprinzip einteilen, um dann auszu-
messen, wieviel Platz für Glacé bleibt.
Dann komme ich in einen wahren Kaufrausch: Von jeder
Sorte ein Kübeli, dann noch Ovomaltine-Eis, ein paar
Stängeli, noch einige Eiscafé. Langsam ist mir das Volu-
men etwas unklar. Ich schätze ab, ob wirklich alles Platz
hat im Kühler und tröste mich selbst mit dem Gedanken,
dass alles Übriggebliebene sofort von mir gegessen wer-
den muss.
Weniger lange geht dann die Bestellung der restlichen
Nahrungsmittel und Getränke.
Schon am nächsten Abend sollen die Waren vor die
Haustüre geliefert werden.

Ich bin gespannt, ob alles klappt. Ich hoffe doch auch sehr, dass ein knackiger, durchtrainierter junger Student die vollgepackten Säcke in meine Küche schleppt.

Wirklich: Am nächsten Abend klingelt es und meine Bestellung wird geliefert. Es ist alles dabei. Das einzige, was knackig und frisch ist, sind jedoch die Früchte. Der Lieferant hat leider etwa mein Geburtsjahr ist weder muskelbepackt noch jung. Mit einem leichten Frust packe ich alles in den Kühlschrank und versuche auch alle Glacés im Tiefkühler unterzubringen.

Ein Kübeli findet tatsächlich trotz Schieben und Würgen keinen Platz mehr.

Das verspeise ich als Frustkompensation über den erwarteten Jüngling und schwöre mir, beim nächsten Mal beim anderen Anbieter zu bestellen.

Kosten-/Nutzenrechnung
28. August

Mein Quarantänedasein pendelt sich langsam etwas ein. Ich versuche mir Ruhe zu gönnen, wenn es nötig ist, motiviere mich aber auch selbst, trotz Müdigkeit etwas anzupacken.
Ich habe mir eine kleine Liste mit „to do"-Dingen erstellt, die ich schon lange anpacken wollte, zu denen mir aber bisher immer die Zeit gefehlt hat. An Ideen mangelt es mir nicht, aber an Energie.

Dieses Gejammere hört zweimal wöchentlich auch meine Ärztin vom Unispital bei meinen obligaten Kontrolluntersuchungen.
Natürlich beschwere ich mich auch über die Nebenwirkungen der Medikamente, die ich täglich schlucken muss. Es sind doch einige Unannehmlichkeiten, die da zum Vorschein kommen, nebst der bleiernen Müdigkeit: Brennende Fuss- und Handflächen, Restless legs, Pilzbefall im Mundraum, Geschmacksveränderungen, extrem trockene Haut, Sehstörungen, Verdauungsbeschwerden.

Ich nehme das alles hin im Wissen, dass dies die Nebenwirkungen meiner lebenswichtigen Medikamente sind.
Das Leben wird mir nicht umsonst neu geschenkt!
Auch in anderer Hinsicht nicht: Als Mathematikertochter bin ich schon lange neugierig, was diese Tablettenmenge, die ich täglich schlucke, auch wirklich kostet.
Deshalb habe ich mich hingesetzt und mir alle Preise aufgeschrieben, addiert, dividiert und multipliziert und so

errechnet, was die täglich 14 Tabletten für einen Betrag ergeben.

Es sind dies rund 50 Fr. pro Tag. Will heissen, 350 Fr. in der Woche, rund 1500 Fr im Monat!
Nun kann ich nur hoffen, dass sie mich am Leben erhalten, dann nehme ich die Nebenwirkungen gerne in Kauf.

Halbzeit!
30. August

50 Tage sind seit der Transplantation vergangen. 50 Tage
in Quarantäne verbleiben noch.
Dies sollte ein Anlass für einen Rück- und Ausblick sein.
Hier ist er:
Unspektakulär war der eigentliche Akt der Stammzellen-
gabe, umso spektakulärer aber, was daraus entstehen
soll.

Die Zeit im isolierten Zimmer war schwer. Einerseits reagierte mein Körper auf die fremden Zellen, andrerseits
waren da meine Psyche und mein Geist, die nicht immer
so spurten, wie ich es wollte.
Trotz Besuchen und regelmässigen Unterbrüchen durch
das Pflegepersonal, gab es unendlich lange, einsame
Momente. Ich erinnere mich noch gut an die schlaflosen
Nächte. Alleine in den 4 Wänden mit sich und in sich ein-
gesperrt.

Soviel Zeit mit mir alleine. Ungewohnt, angstmachend.
Die ersten Tage zu Hause waren gefühlsmässig noch
schwieriger zu verkraften als die Tage im Spitalzimmer.
Ich fühlte mich fremd in der neuen Wohnung. Ein Ein-
dringling in meinem eigenen Leben. Konnte mich kaum
erinnern, wo ich was in der Eile verstaut hatte. Dazu fiel
meine 24 Stunden Betreuung weg. Keine Klingel, die
schnell jemanden herrief, niemand überwachte meinen
Zustand und meine Gesundheit. Ich wurde zum Beob-
achter meines eigenen Körpers. Deuten rote Flecken auf
eine Abwehrreaktion hin? Ist mein Puls erhöht? Auch die

regelmässige Tabletteneinnahme musste ich in den Griff bekommen.

Doch nach und nach hat sich mein Leben in Quarantäne eingespielt.

Ich hoffe nun ganz stark, dass es mir ergeht wie in den Ferien:

Die erste Hälfte der Ferien dehnt sich immer in die Länge.

Die zweite Hälfte ist – schwupp schnell vorbei.

Happy halftime!

Lebenspuzzle
12. September

Nach der Halbzeit folgt schon bald die Zweidrittelzeit.
Viel mehr als sonst beschäftigte ich mich in den letzten
Tagen mit dem Thema Tod.
Nicht, dass es bei mir irgend eine besorgniserregende
medizinische Wende gegeben hätte. Nein, es wird mir
nur mehr und mehr bewusst, dass der Tod in meinem
Schatten hinter mir einhergeht.
Ich finde nicht viele Freundinnen, die mit mir über dieses
Thema sprechen wollen.

Noch schwieriger wird es mit den Familienangehörigen.
Die Kinder verstecken ihre Ängste hinter der Gewissheit,
dass ich gesund aussehe und es mir doch recht gut geht.
In diesem Moment kommt mir das Buch von Eric Bau-
mann in die Finger: „Einen Sommer noch". Ein Zürcher
Journalist, der die Diagnose Hirntumor erhielt. Er erzählt in
seinem Buch über die ersten 2 Jahre nach der Diagnose.
Ich bin sehr berührt von seinen Erlebnissen und Gedanken, denn in vielen geschilderten Situationen erkenne ich
mich selbst wieder.
Gedanken, von denen ich annahm, dass nur ich sie habe, finde ich von ihm aufs Papier gebracht. Die von ihm
geschilderten Erlebnisse im Unispital kommen mir ebenso
bekannt vor wie die geäusserten Reaktionen von Bekannten. Ich erlebe einen Teil meiner Geschichte nochmals.

Als ich heute wieder zur Kontrolle muss, will ich von der zuständigen Oberärztin wissen, wie es um meine Lebenserwartung steht.

Ihre Antwort ist etwas ernüchternd. Falls ich in diesen kritischen 100 Tagen bis Ende Oktober wieder an Leukämie erkranken sollte, so sei eine Behandlung sehr schwierig.

Sollte dies später der Fall sein, könnte man evt. eine Wiederholung der Chemotherapie und der Transplantation in Betracht ziehen.

Zudem besteht das 50% - Risiko, an einer anderen Krebsart zu erkranken, und eine erhöhte Gefahr mit Herz und Kreislauf Probleme zu bekommen.

Von den übrigen Nebenwirkungen der Behandlung ganz abgesehen.

Meine Lebenserwartung ist dadurch weniger hoch als normal.

Ja, was heisst das für mich?

Vielleicht kommt jetzt dem einen oder anderen der Spruch über die Lippen: Ich weiss es auch nie, wann ich sterbe, ich könnte auch morgen schon verunfallen…"

Ja, das kann auch ICH morgen. Aber mir ist die Endlichkeit des Lebens durch meine Krankheit bewusst. Sie hat meinen Lebensplan durcheinander gebracht und zerschnitten. Und ich weiss noch nicht, wie ich die einzelnen Teile wieder zusammenfügen soll, da einzelne Stücke für immer fehlen.

Ich werde versuchen, aus dem, was mir bleibt, das Beste zu machen in meinem Leben.

Diese letzten Bemerkungen lösen bei einer Freundin einige Gedanken aus, die sie mir per Mail mitteilt:

„Ein positiver Fokus ist auch, nicht das zu sehen, was einem bleibt, sondern das zu sehen, was man hat, was einem wichtig ist, was man gewonnen hat. "Was einem bleibt" deutet darauf hin, dass es weniger sein muss, als was man hatte. Aber das ist nicht so. Du hast nicht weniger, sondern das alte, und ein paar Stücke davon weniger, und ein paar Stücke mehr. Auch das gibt ein Ganzes. Einfach ein anderes Ganzes. Und das nicht ganz freiwillig. Aber es ist ein Ganzes Ich, mit neuen Interessen, neuen Inhalten, neuem Aussehen, alten Gewohnheiten, Hobbies, Charakteristiken etc. Du wirst dir überlegen, welche Dinge du überhaupt zurück haben möchtest von deinem alten Ich. Einige wirst du nicht zurück haben können, andere nicht zurück haben wollen. "Normalisieren" ist deshalb vielleicht gar nicht das Ziel. Vielleicht ist das Ziel eher aktiv gestalten? Oder selbstbestimmt Leben? Momentan ist ja vieles was du darfst und sollst extern bestimmt, durch Ärzte, durch das Gesund werden, durch diffuse Ängste und Unsicherheiten. Es ist wichtig, dass man sich neue Wege öffnet. Nur das Normalisieren würde viel Neues unterdrücken."

Ihre Worte tun mir gut, sie hat recht.
Ich werde den Weg neugierig und offen für viel Neues beschreiten. Und dabei immer den Spruch von S. Kierkegaard im Kopf behalten: „Leben kann man nur vorwärts. Verstehen kann man es nur rückwärts"

Unterwegs mit Tarnkappe
14. September

Seit kurzem habe ich eine grauhaarige Perücke.
Bis anhin hatte ich meine erste Perücke getragen, die
genau so aussah, wie meine eigenen Haare vor dem
ersten Spitaleintritt: braun, klassischer kinnlanger Schnitt.

Als zwischen den Therapien meine Haare wieder zu
wachsen begannen, war ich neugierig, was mich da
erwartete. Jahrelang hatte ich meine Haare braun ge-
tönt. Zum ersten Mal sah ich nun meine echte Haarfarbe.
Da stand ich also mit einer graumelierten Lockenfrisur.
Die gefiel mir sehr viel besser als mein braver Lehrerinnen-
schnitt von früher. Seit ich nun aus dem Spital entlassen
bin, musste ich gezwungenermassen wieder mit der alten
Perücke vorlieb nehmen.
Ich hasse dieses Haarteil!

Ich fühle mich damit langweilig und altbacken.
Eine neue Perücke musste her! Und so trage ich nun eine
modische, graumelierte Kurzhaarperücke.
An einigen Tagen geniesse ich den Gang durch das alt-
bekannte Dorf.
Doch jetzt, mit der grauen Perücke, fühle ich mich plötzlich wie unter einer Tarnkappe.

Die Leute erkennen mich nicht, sagen plötzlich „Sie" zu mir, obwohl wir uns schon jahrelang kennen. Wenn sie mich dann wiedererkennen, glaube ich in ihren Augen Mitleid oder Erbarmen aufblitzen zu sehen.

Einige sind verlegen oder „sehen" mich nicht.

Zu schwierig scheint ein Gespräch mit mir zu sein. Ich verschone mich und die Leute vor solch peinlichen Momenten und meide zu gewissen Tageszeiten das Dorf.

Manchmal möchte ich mich in ein Schneckenhaus zurückziehen und erst wieder herauskommen, wenn alles überstanden ist.

Zweidritteltag
15. September

Falls alles gut läuft, habe ich heute den grösseren Teil
meiner Quarantänezeit überstanden. 66 Tage sind nun
schon vorbei seit der Transplantation. Ich fühle mich gut
aufgehoben und getragen von vielen lieben Freundinnen und Bekannten. Jeden Montag und Donnerstag,
wenn ich erschöpft von den Kontrollen im Unispital heimkehre, darf ich mich ganz unkompliziert bei einem be-
freundeten Ehepaar an den gedeckten Tisch sitzen. So
muss ich nichts kochen und auch nicht alleine zu Hause
essen. Ich schätze dieses familiäre Zusammensein sehr.

So wird mir auch ermöglicht, dass ich mich ganz alleine
nach der offiziellen Öffnungszeit in der Gemeindebiblio-
thek umsehen darf. Inmitten anderer Besucher wäre das
wegen Keimen und Bakterien zu gefährlich für mich.
Ich freue mich riesig, dass ich seit langem wieder einmal
alle Bücher durchsehen, oder DVDs ausleihen kann.

Eine andere Bekannte hat organisiert, dass ich ohne andere Kunden in einem wunderbaren Seidenparadies die
schönste Strickseide auswählen konnte.
Zusammen fahren wir in dieses Geschäft mit den pflan-
zengefärbten Seidengarnen. Ein Rausch von Farben und
Düften erwartet mich. Ich geniesse es, die sinnliche Seide
anzufassen und kann mich nicht satt sehen an den un-
endlichen Farbnuancen.
Soöffnen sich Türen für mich, die ich nie für möglich
gehalten hätte. Und dies dank so vielen lieben Menschen.

Als ich mich im Strickgeschäft bei der Inhaberin bedanke und ihr sage, wie hilflos ich mich manchmal fühle, da ich nichts von dem zurückgeben kann, was ich im Moment empfange, teilt sie mir einen tiefsinnigen Gedanken mit: Sie erzählt mir, dass sie sich vorstellt, dass Geben und Nehmen nicht linear verläuft. So schenkt sie mir etwas von ihrer Freizeit, indem sie das Geschäft extra für mich öffnet. irgendwann mache ich einmal einer Bekannten eine Freude und die wiederum jemand anderem. So kommt es, dass Freuden, Geschenke, liebe Gesten wieder zu einem gelangen und dadurch der Kreis geschlossen wird. Alles Gute, das wir im Leben gemacht haben, kommt irgendwann auf anderem Weg wieder zu uns zurück.

Abschied von Rosa
8. Oktober

Noch 2 Wochen bis ich meine Quarantänezeit überstanden habe!
Unterdessen vergehen die Tage wie im Flug.
Immer wieder verbringe ich einige Tage im Toggenburg.
Meistens fahre ich mit dem Camper dorthin. Auf einem Campingplatz darf ich zwar nicht übernachten, da es dort zu viele Leute hat und ich die Nasszellen nicht benützen dürfte. Wer weiss, was da für Keime herumfliegen. So mache ich kleine Tagesausflüge, wandere kurze Strecken und kehre dann zurück zum Camper. Dort sitze ich mit Stuhl und Tisch vor dem Auto, um die Aussicht zu geniessen. Das sind meine Mini-Camper Ferien.

Ich habe viel Zeit zum Sinnieren. Die traurige Nachricht, die ich einige Tage zuvor erhalten habe, beschäftigt mich sehr.
Es geht dabei um Rosa, meine Zimmerkameradin aus den ersten Spitalaufenthalten.
Wir haben immer wieder telefoniert und einmal besuchte ich sie zu Hause.
Ihre Krankheit bereitete ihr immer mehr Probleme.
Schliesslich war sie auf tägliche Hilfe angewiesen und zog wieder zu ihrer Mutter ins Bündnerland.
Ganz unerwartet verstarb ihre Mutter und etwa 3 Wochen später ist auch Rosa gestorben.
Leider konnte ich nicht an ihre Beisetzung, da ich noch immer unter Quarantäne stehe. Ich denke jedoch oft an sie und den kurzen aber so intensiven Weg, den wir miteinander gegangen sind.

163

Ja, ich denke auch an unser Versprechen, das wir einlösen wollten, wenn wir beide gesund sind.
Liebe Rosa, wir wollten doch zusammen in München schicke Schuhe kaufen für dich!

Patientenverfügung
15. Oktober

Schon seit meinem Spitalaustritt habe ich mir vorgenommen eine Patientenverfügung zu verfassen. Dies wurde mir in letzter Zeit immer wichtiger, denn wer von meiner Familie kann abschätzen, welche Wünsche ich habe?
Die Vorstellung, dass sich die Kinder an meinem Krankenbett streiten werden, welche Massnahmen nötig sind und welche nicht, lassen mich erschauern.
Auch möchte ich gerne meinen Abdankungsgottesdienst nach meinen Wünschen gestaltet wissen. Es ist mir wichtig, dass er nicht schwer und traurig wird, sondern dass er auch etwas von der Buntheit, der Vielfalt und dem Reichtum meines Lebens widerspiegelt.
Im Kopf ist die Abdankungsrede fertig formuliert, die Lieder sind ausgewählt, der ganze Gottesdienst ausgestaltet.
Aber die Finger versagen mir. Sie hämmern nicht in die Tasten, was ich will. Sie ruhen neben der Tastatur. Zum ersten Mal bin ich unfähig, meine Gedanken zu formulieren.
Das Problem ist, dass ich all die traurigen Gesichter meiner Familie und meiner Freundinnen vor mir sehe. Was hinterlasse ich ihnen, wenn ich mich vom Leben verabschiede?
Ich will nicht, dass sie mich vermissen, will nicht, dass sie wegen mir traurig sind.
Ich habe Angst, wenn ich meine Gedanken niederschreibe, dass sie dann zur Realität werden. Zu nah ist der

Tod. Noch immer steht er um die Ecke und wartet auf mich. Ich versuche mich selbst zu betrügen: Wenn ich nichts aufschreibe, wird nichts wahr.

Ich versuche es mit einem Spaziergang über den Dorffriedhof. Will ich hier liegen? Ein Gemeinschaftsgrab würde mir sehr entsprechen. Keine weiteren Belastungen wegen der Pflege eines Grabes für die Angehörigen.

Am liebsten würde ich meine Asche verstreut wissen. Irgendwo, wo es mir immer gefallen hat. Orte gäbe es viele: In Dänemark, Irland oder im Toggenburg.

Schon wieder kommen mir Gedanken an meine Angehörigen: Brauchen sie einen Ort zum Trauern? Darf ich sie damit konfrontieren, dass meine Asche irgendwo mit dem Wind fortgetragen wird?

Schliesslich bleiben sie zurück. Hier geht es nicht nur um mich, so paradox es klingt.

Trotzdem will ich vieles regeln. Sie sollen meine Wünsche kennen.

So drucke ich mir eine mehrseitige Patientenverfügung aus.

Blättere sie durch, lese und bleibe in meinen Gedanken stehen.

Noch immer liegen die Blätter unbeschrieben vor mir.

100 Tage
17. Oktober

Dieses Wochenende habe ich es tatsächlich geschafft:
Ich habe die 100 Tage überstanden.
In Wildhaus verbrachte ich sicher eine halbe Stunde im
kleinen Dorfladen. Ich musste alle Früchte, das Gemüse,
das Fleisch, die vielen Milchprodukte bestaunen. Etliche
Male schlich ich um die Gestelle. Die Angestellten fan-
den das sicher seltsam und vermuteten in mir wohl eher
eine Ladendiebin als eine ausgehungerte Konsumentin.

Am Freitag und Samstag wollte ich es wissen. Ich machte
mich auf zu kleinen Wanderungen. Am Freitag etwa 250
Höhenmeter ins Oberdorf und am Samstag dann etwas
über 300 Höhenmeter Unterschied bis aufs Gamplüt. Ein
kleiner Schritt für die Menschen, ein grosser für mich!
Obwohl ich immer wieder Pausen einlegen musste und
keuchte wie ein Grossmütterchen, war ich enorm stolz,
dass ich das geschafft habe.

Wie geht es nun weiter? Die Kontrollen werden ab jetzt
nur noch wöchentlich durchgeführt. Auch eine weitere
Knochenmarkpunktion steht bevor.
Dann wird sich weisen, ob im Moment keine Leukämie-
zellen mehr sichtbar sind.
Ab dann steht es mir frei, die folgenden Kontrollen im Uni-
Spital oder beim Professor von früher durchzuführen.
Natürlich will ich wieder zurück zu „meinem" Professor.
Ich freue mich schon auf die Begegnungen mit ihm und
seiner Frau.

Vielleicht bringe ich es auch fertig, ab und zu meine Krankheit zu vergessen, denn nun steht mir wieder Vieles offen.

In den vergangenen 100 Tagen habe ich mich von meiner Familie entfernt, aber auch wieder angenähert. Ich verstehe nun, dass viele Unklarheiten entstanden sind, weil ich sie oft unbewusst vor der Wahrheit beschützen wollte. Sie wiederum mussten einen Schutzschild aufbauen, um mein Schicksal nicht zu sehr zu ihrem zu machen. Aus meiner Sicht äusserte sich das durch Rückzug, Widerstand und Gleichgültigkeit mir gegenüber.
Während ich im Spital lag, musste ihr Leben weitergehen. Schule, Prüfungen, Arbeit, Freizeit durften nicht beeinflusst werden von meiner Krankheit.
Nun lebe ich zum ersten Mal alleine. Ich habe die Gelegenheit bekommen, mein eigenes, wiedergeschenktes Leben zu überdenken und neu zu gestalten.
Ich weiss, wie stark ich bin und welche Hürden und Berge ich geschafft habe.
Nun liegt es an mir, aus all diesen Erfahrungen mein Leben nach dem Tag 100 sinnvoll zu gestalten

Epilog

Es sind die einschneidenden, tragischen Momente, Begebenheiten und Erlebnisse, die einen ganz zu sich selbst bringen und einem dieses Gefühl geben, in der eigenen, tiefen Mitte angekommen zu sein.

Ich meinte, die 100 Tage in Quarantäne zu leben, seien für meine Psyche die grösste Prüfung. Noch schwieriger wurde es für mich, nachdem die 100 kritischen Tage vorbei waren. Die letzte Knochenmarkbiopsie zeigte keine Auffälligkeiten mehr, ich zeigte keine Abstossreaktionen und trotzdem fiel ich in ein Loch. Immer hatte ich nur ein Ziel vor Augen - zu überleben.
Und nun? Was folgt?
Meine Lebensaufgaben als Ehefrau und Mutter habe ich erfüllt. Ich habe in meinem vergangenen Leben alles gemacht und ausgeführt, was von mir verlangt wurde.
Immer hat mich meine Fähigkeit, allen Dingen eine positive Seite abzugewinnen, über Wasser gehalten.
Zum ersten Mal stehe ich vor einer Wand und weiss nicht weiter.
Ich muss meinem Leben einen neuen, von mir bestimmten Inhalt geben.
Vor meiner Erkrankung war der Tod für mich ein feindliches Wesen in weiter Ferne. Plötzlich kam er bedrohlich nah. Er wird nie mehr von meiner Seite weichen, sondern mein ständiger Begleiter sein.
Er hilft mir zu verstehen, was das Leben will von mir, und was es Wert ist.

Er wird mir helfen, alles aus einem neuen Blickwinkel zu sehen, viele bewusste Glücksmomente zu erleben und dem Leben einen neuen Sinn geben.

Während des ganzen Jahres habe ich alle positiven, sowie negativen Begebenheiten, die die Krankheit mit sich brachte, in meinem Tagebuch notiert.

Es ist kaum zu glauben, aber die positiven Erlebnisse überwiegen bei weitem.

Sie hilft mir zu verstehen, was das Leben will von mir und was es Wert ist.

Wie eine Raupe harrte ich lange Zeit in meinem Kokon aus. Nun darf ich mit neuer Kraft und tragenden Flügeln zu meiner weiteren Lebensreise aufbrechen.

Nichts ist mehr so, wie es vorher war.

Meine Reise durchs Leben geht weiter.

Ich bin offen und neugierig, was mir mein geschenktes Leben noch bringt.

Der Aufbruch in mein neues Leben beginnt!

Aufbruch

Fachbegriffe:

Akute Myeloische Leukämie

Leukämie (Blutkrebs) ist eine bösartige Erkrankung des Knochenmarks. Bei Blutkrebs vermehren sich im Knochenmark die weißen Blutkörperchen überschießend. Die AML tritt vor allem bei Erwachsenen auf. Akute Leukämien führen, wenn sie nicht behandelt werden, innerhalb von Wochen oder wenigen Monaten zum Tode.

Bronchoskopie

Mit Hilfe der Bronchoskopie (Lungenspiegelung) kann der Arzt die Luftröhre und ihre großen Abzweigungen (Bronchien) einsehen.

Chemotherapie

Medikamentöse Behandlung von Krebskrankheiten. Chemotherapie-Mittel werden auch „Zytostatika" genannt. Sie unterbinden die Teilung und damit Vermehrung von Tumorzellen. Allerdings werden oft auch gesunde Zellen, die sich ebenfalls teilen, am Wachstum gehindert

Hämoglobin (werte)

Hämoglobin (Hb) ist ein wichtiger Bestandteil der roten Blutkörperchen (Erythrozyten). Es verleiht dem Blut seine rote Farbe

Knochenmarkbiopsie

Entnahme des Knochenmarks.
Es ist heute üblich, das Knochenmark am hinteren Beckenkamm zu entnehmen. Zunächst erfolgt eine lokale Betäubung. Nach einer gewissen Einwirkzeit wird ein kleiner Hautschnitt (Stichinzision) ausgeführt. Die Knochenmarkentnahme selbst erfolgt mittels einer Stahlkanüle.

Leukozyten

Weiße Blutkörperchen (medizinisch: Leukozyten) enthalten keinen roten Blutfarbstoff (Hämoglobin) und heben sich – unter dem Mikroskop betrachtet – deshalb von den Erythrozyten als farblose (weiße) Blutzellen ab. Weiße Blutkörperchen unterteilt man in Granulozyten, Monozyten und Lymphozyten.

Stammzellen

Stammzellen sind die Vorläufer der fertig entwickelten Körperzellen, die jeweils auf eine Aufgabe spezialisiert sind (differenzierte Zellen). Stammzellen besitzen zwei besondere Fähigkeiten: Sie können sich nahezu endlos teilen und so neue Zellen bilden. Außerdem können sich aus ihnen alle möglichen Zellarten entwickeln, zum Beispiel Muskel- oder Nervenzellen.

Stammzellenspende

Das Knochenmark enthält Stammzellen, aus denen sämtliche Zellen des Bluts und des Immunsystems entstehen. Diese Stammzellen bilden ein Leben lang neue Blutzellen. Wenn dies durch eine Krankheit nicht mehr funktioniert, können Stammzellen aus Knochenmark eines Spenders transplantiert werden. Damit der Körper des Empfängers die transplantierten Zellen des Spenders nicht abstößt, muss das "neue" Knochenmark dem ursprünglichen in seinen sogenannten HLA-Merkmalen sehr ähnlich sein. HLA-Merkmale (humane Leukozytenantigene) sind bestimmte Eiweiße auf den Oberflächen der weißen Blutzellen (Leukozyten). Bislang sind etwa 7000 solcher Merkmale bekannt, was es manchmal schwierig macht, einen geeigneten Spender zu finden.

Subclavia Katheter

Der zentrale Venenkatheter, ist ein dünner Kunststoff-
schlauch, der über eine Vene der oberen Körperhälfte in
das Venensystem eingeführt wird und dessen Ende in der
oberen oder unteren Hohlvene vor dem rechten Vorhof
des Herzens liegt.

Thrombozyten

Thrombozyten sind Blutplättchen. Diese sind Blutbestand-
teile in Form von dünnen, farblosen Scheibchen mit einem Durchmesser von etwa drei Mikrometern. Sie entstehen im Knochenmark aus sogenannten
Knochenmarksriesenzellen (Megakaryozyten). Die
Thrombozyten sind hauptsächlich unterstützend für die
Blutgerinnung verantwortlich.

Dank

Danke allen, die an meine Heilung geglaubt haben und mich in irgendeiner Weise darin unterstützt haben:

Albrecht, Andrea ,Angelika, Astrid, Barbara, Brigitta, Brigitte, Carla, Carolin, Charlotte, Christa, Christina, Claudia, Doris, Elisabeth, Elsie, Erika, Esther, Eva, Felicitas, Gaby,Gerhard, Geri, Gusti, Hans, Heinz, Helene, Henning, Henriette, Isabella, Jana, Jutta, Käthy, Klaus, Luzia, Magdalena, Manuela, Marianne, Maya, Michael, Nick, Paola, Patricia, Pierrette, Peter, Pius, Regina, Regula, Reinaldo, René, Rina, Rita, Robi, Rösli, Roger, Roland, Rosa, Ruedi, Ruth, Sarina, Silvia, Simon, Sonja, Stefan, Susanna, Susanne, Thomas, Tilla, Ulrike, Urias, Ursula, Verena, Veronika, Walter, Werner, Yanick
Mein Professor mit Frau
Und das ganze Pflegepersonal

Herstellung und Verlag:
BoD - Books on Demand, Norderstedt
ISBN 978-3-7357-8203-8